Fast 60 sensationelle Plätze zum Zelten

Björn Staschen

HAFFMANS TOLKEMITT

Deutsche Erstausgabe

1. Auflage, April 2012
2. aktualisierte Auflage, März 2013
3. Auflage, August 2013
4. Auflage, Juli 2014

Copyright © 2012 Haffmans & Tolkemitt,
Inselstraße 12, D-10179 Berlin
www.haffmans-tolkemitt.de

Alle Rechte vorbehalten, insbesondere das Recht der mechanischen,
elektronischen oder fotografischen Vervielfältigung, der Einspeicherung und Verarbeitung
in elektronischen Systemen, des Nachdrucks in Zeitschriften
oder Zeitungen, des öffentlichen Vortrags, der Verfilmung oder Dramatisierung, der
Übertragung durch Rundfunk, Fernsehen oder Internet, auch einzelner Text-
und Bildteile, sowie der Übersetzung in andere Sprachen.

Lektorat: Katharina Theml (Büro Z, Wiesbaden).
Korrektorat: Ekkehard Kunze (Büro Z, Wiesbaden).
Gestaltung: Frances Uckermann.
Karte und Symbole: Ela Strickert.
Herstellung von Urs Jakob, Werkstatt im Grünen Winkel, CH-8400 Winterthur.
Satz: Fotosatz Amann, Memmingen.
Druck & Bindung: Ebner & Spiegel, Ulm.
Printed in Germany.

ISBN 978-3-942989-40-4

Inhalt

Die Rückeroberung .... S. 7
Die Besten der Besten .... S. 11
Die Besten ihrer Art .... S. 13

SCHLESWIG-HOLSTEIN

| 1 | Hallig Hooge / Volkertswarft .... S. 17
| 2 | Pellworm / Wattenmeerhaus .... S. 21
| 3 | Westerkoog / Ferienhof Folger .... S. 25
| 4 | Sulsdorf, Fehmarn / Minicamping Kleingarn ..... S. 29
| 5 | Fehmarn / Teichhof .... S. 35
| 6 | Sterley-Pipersee / Schaalsee-Camp .... S. 39

NIEDERSACHSEN & HAMBURG

| 7 | Spiekeroog / Zeltplatz Spiekeroog .... S. 43
| 8 | Lauenbrück / Alte Löweninsel .... S. 45
| 9 | Grünendeich / Campingplatz Lühesand .... S. 49
| 10 | Guderhandviertel / Nesshof .... S. 53
| 11 | Hamburg / Elbe-Camp .... S. 57
| 12 | Stove / Camping Land an der Elbe .... S. 61
| 13 | Uelzen / Uhlenköper .... S. 65
| 14 | Satemin / Bauwagenurlaub im Wendland .... S. 69
| 15 | Rehden / Ehrlingshof .... S. 73
| 16 | Uslar-Schönhagen / Baumhaushotel Solling ... S. 77

MECKLENBURG-VORPOMMERN

| 17 | Fischland-Darß-Zingst / Regenbogencamp Prerow ... S. 81
| 18 | Lohme, Rügen / Krüger Naturcamping .... S. 83
| 19 | Sassnitz, Rügen / Ferienhof Birkengrund .... S. 87
| 20 | Lütow, Usedom / Naturcamping Usedom .... S. 89
| 21 | Feldberg / Hof Eichholz .... S. 95
| 22 | Blankenförde-Kakeldütt / Hexenwäldchen ...... S. 97
| 23 | Wesenberg-Strasen / Camp am Ellbogensee .. S. 101
| 24 | Kratzeburg / Campingplatz Naturfreund .... S. 105
| 25 | Klein Pankow / Safari-Camping am Blanksee .. S. 107

BERLIN

| 26 | Tentstation .... S. 111

NORDRHEIN-WESTFALEN

| 27 | Winnekendonk / Anna Fleuth .... S. 115
| 28 | Bottrop-Ebel / Das Parkhotel .... S. 119
| 29 | Essen / Ruhrcamping .... S. 123
| 30 | Meerbusch / Rheincamping .... S. 129
| 31 | Schleiden / Schafbachmühle .... S. 133
| 32 | Monschau / Camping Perlenau .... S. 135

RHEINLAND-PFALZ

| 33 | Manderscheid / Vulkaneifel .... S. 139
| 34 | Pünderich / Campingplatz Moselland .... S. 143

HESSEN

| 35 | Greifenstein-Allendorf / Outdoorzentrum Lahntal ... S. 145
| 36 | Trendelburg / Hofgut Stammen .... S. 149
| 37 | Knüllwald / Burg Wallenstein .... S. 153
| 38 | Poppenhausen an der Wasserkuppe / Indianerhotel Rhön ... S. 157

THÜRINGEN

| 39 | Niederdorla / Palumpa-Land .... S. 163

SACHSEN-ANHALT

| 40 | Schierke / Harz-Camping .... S. 167
| 41 | Angern in der Altmark / Tipidorf Bertingen ...... S. 171
| 42 | Kirchscheidungen / Outtour Saale-Unstrut ...... S. 173

SACHSEN

| 43 | Lunzenau / Kofferhotel »Prellbock« .... S. 177
| 44 | Ottendorf / MiO Minicamping .... S. 181
| 45 | Schönbach bei Sebnitz / Camping Endler .... S. 185
| 46 | Hinterhermsdorf / Thorwaldblick .... S. 187
| 47 | Neißeaue / Kulturinsel Einsiedel .... S. 191

BADEN-WÜRTTEMBERG

| 48 | Freiburg / Hirzberg Camping .... S. 197
| 49 | Uhldingen-Mühlhofen / Camping Seeperle ..... S. 201
| 50 | Enzklösterle / Müllerwiese .... S. 205
| 51 | Stuttgart / Der Sonnenhof .... S. 209
| 52 | Naicha / Ökoferienhof Retzbach .... S. 213

BAYERN

| 53 | Geslau / Mohrenhof .... S. 217
| 54 | Bamberg / Camping-Insel Bug .... S. 219
| 55 | Pottenstein / Camping Bärenschlucht .... S. 223
| 56 | Viechtach / Schnitzmühle .... S. 229
| 57 | München / The Tent .... S. 233
| 58 | Chieming / Jugendzeltplatz Chieming .... S. 237
| 59 | Schleching im Chiemgau / Camping Zellersee .. S. 241

... oder mal das Zelt zu Hause lassen? Bullivermietungen ...... S. 246
... oder darf's ein bisschen mehr sein? Sauna auf Rädern ...... S. 248
... und wenn mal alle Plätze ausgebucht sind? .... S. 250

Die Gebrauchsanleitung für
aufregende Tage und Nächte an der frischen Luft,
auch für meine Happy Camper:
Jessica &
Lasse, Maarten und Joon.

VORWORT

Die Rückeroberung

BJÖRN STASCHEN

Es war ein frühlingswarmer Maiabend Mitte der 80er Jahre. Zum zwölften Geburtstag hatte ich von meinen Eltern dieses schwere Giebelzelt geschenkt bekommen, mit grünem Dach und beigefarbener Basis. Allein tragen konnte ich es nicht. Doch aufgebaut habe ich es gleich am Geburtstag in unserem Garten. Mit Theis, meinem Kumpel von nebenan, wollte ich zum ersten Mal im Leben campen. Ein fürwahr wildes Abenteuer: Mein Papa stellte uns an einer Verlängerungsschnur noch den kleinen Schwarz-Weiß-Fernseher ins Zelt, damit wir »Wetten, dass ...?« gucken konnten. Irgendwann gegen zwei Uhr nachts wurde uns dann so unheimlich im Zelt, dass wir schnurstracks durch die Wohnzimmertür in unsere Betten gegangen sind. Macht aber nichts: Das erste große Abenteuer war erlebt, die Saat für Cool Camping ausgebracht.

Denn Cool Camping heißt vor allem: Spaß haben, sich wohlfühlen, rauskommen und runterkommen. Alles ist erlaubt. Nicht, dass jemand das Wörtchen »cool« noch missversteht. Denn mit der Mühsal der 80er-Jahre-Coolness hat »Cool Camping« nichts zu tun. Kein Regelwerk für richtige Kleidung und Frisur auf dem Zeltplatz, sondern: Ruhe, Entspannung, Freiheit. Darum geht es, und nicht darum, im eigenen Zelt ums Überleben zu kämpfen. Wer dogmatisch hinter dem Reißverschluss hockt und den verregneten Urlaub versemmelt; wer zu stolz ist, ins Hotel umzuziehen, wenn es aus Kübeln gießt, der ist selbst schuld. Schönwetter-Camping ist völlig in Ordnung. Zumal es heute so einfach wie nie ist, seine kleine Heimstatt spontan und nach Wetterlage in der Natur aufzuschlagen – Mietbulli und Pop-up-Wurfzelt sei dank.

Die Generation unserer Eltern erzählt da mit leuchtenden Augen noch andere Geschichten: Wie sie in stundenlanger, nervenzehrender, familienzerrüttender Zusammenarbeit die

VORWORT

großen Hauszelte der 60er Jahre aufbauten. Das Gestänge war mit bunten Klebern und Nummern markiert, um das Puzzle leichter zusammenstecken zu können. Es folgte ein Urlaub im immerschiefen Monsterzelt, in dem Campingkocher explodierten und Schlafkabinen einrissen. Der Boden wurde bei jedem Regen matschiger. Ein echtes Abenteuer eben.

*

Schon in den 30er Jahren hatte einer geahnt, dass sich aus Urlaubswünschen Kapital schlagen ließe. Der Peitschen- und Skistockvertreter Arist Dethleffs wollte ursprünglich nur seiner Verlobten einen Wunsch erfüllen. Die Malerin Fridel Edelmann träumte von »so etwas Ähnlichem wie einem Zigeunerwagen, in dem wir gemeinsam fahren und ich noch malen könnte«. Und so entwickelte Dethleffs schon damals ein »Wohnauto« – sein Hochzeitsgeschenk. Dieses war jedoch so erfolgreich, dass Dethleffs sich kurze Zeit später ganz auf die serielle Produktion dieser Wohnwagen verlegte. Das Übel begann.

Denn dank dieser Wohnwagen verpassten unsere Eltern und ihre Freunde den Zeitpunkt, an dem sie eigentlich schon nicht mehr campen wollten. Das Abenteuer aus feuchten Socken und klammen Handtüchern hatten sie schnell satt, und sie begannen, sich nach den Annehmlichkeiten ihres Zuhauses zu sehnen. Statt jedoch auf geruhsamen Hotelurlaub umzusteigen, kauften sie sich Dethleffs Wohnwagen. Und mit den Jahren verstopften diese weißen Riesen unsere Campingplätze und brachten uns um unsere schöne Aussicht. Die Generation unserer Eltern errichtete Jägerzäune, Heimstätten für Gartenzwerge und Schlagbäume um ihre Wohnwagen. Und rührte sich nicht mehr vom Fleck.

Damit mich niemand falsch versteht: Cool Camping hat nichts gegen Wohnwagen oder Dauercamper, wenn sie das bewahren, was wir auf Zeltplätzen suchen – ein kleines bisschen Freiheit ohne Camping-Regelwerk. Wir suchen Nähe zur Natur, Abenteuer am Lagerfeuer, Romantik unterm Sternenzelt ohne Hecke und Parzelle. Wir wollen keine geduldeten Zaungäste sein, sondern die schönsten Plätze zurückerobern.

Denn Camping ist wieder cool: Im ganzen Land sind neue Plätze entstanden. Für junge Singles, Großstadtpärchen oder Familien; für Großeltern, die die Natur lieben, für Radfahrer, Wanderer, Lagerfeuer-Romantiker oder Naturburschen; für Zelturlauber oder Bullifahrer. Sollen sich die Wohnwagengespanne ruhig am Brenner Richtung Italien stauen – für »Cool Camping Deutschland« haben wir fast 60 besondere Plätzchen in unserer Heimat entdeckt.

*

Von der Salzwiese auf einer Hallig, die die Nordsee regelmäßig überflutet, bis zum Indianer-Tipidorf auf einem Öko-Bauernhof in der Rhön. Der Zeltplatz in Papas Garten am Rhein oder das Großstadt-Abenteuer mit Hering und Plane an der Donau; das Baum-

VORWORT

haus des Waldgeistes Modelpfutz oder das bewohnbaren Kanalrohr in der Kläranlage. Vom Bauwagen bis zum schrägen »Behütum«-Zelt: Immer etwas Besonderes – mit fantastischer Aussicht oder verrückten Zutaten, am glasklaren See oder unter der steilen Kletterwand.

*

»Cool Camping Deutschland« hat eine subjektive Auswahl getroffen, ohne ADAC-Sternchen, dafür mit garantiertem Campingglück. Niemand hat für die Aufnahme in dieses Buch bezahlt, und niemand konnte sich die Erwähnung in diesem Buch kaufen. Wir sagen unsere Meinung und beschreiben, was Zelturlauber auf einem Platz erwartet, wo das nächste Restaurant einen grillfreien Abend beschert und wohin Familien sich bei Regen flüchten können. Nicht alle Plätze sind in jedem Winkel cool. Manche Betreiber suchen noch die richtige Idee, manche Plätze verändern sich nur langsam, aber vielversprechend. Dieses Potenzial wollen wir beschreiben, und wir wollen den Menschen gerecht werden, die ihr Leben ihrem Campingplatz verschrieben haben.

*

Denn hinter diesen Plätzen stecken Menschen! Wir haben viele clevere, kreative und mutige Zeltplatzbetreiber getroffen: kleine Unternehmer, die für ihre Liebe zur Natur die Festanstellung aufgegeben und das Risiko gewagt haben. Die niederländische Familie zum Beispiel, die an der Müritz den Traum vom eigenen Campingplatz verwirklicht. Der Öko-Bauer, der seine Zeltgäste zum Melken zwangsverpflichtet, oder der Schreiner, der seine eigene Fantasiewelt aus Baumhäusern und Erdwohnungen baute.

»Cool Camping« gibt es schon seit ein paar Jahren. Entstanden ist die Reihe in Großbritannien, wo ein junger Mann namens Jonathan Knight eines Tages mit seiner Freundin vom Campingurlaub zurückkehrte und feststellte: Die Zeltplätze, die wir cool finden, stehen in keinem Campingführer. Also gründete er kurzerhand einen kleinen Verlag und brachte einen solchen Führer heraus – mit riesigem Erfolg. Seitdem haben die Briten uns einiges voraus. Als meine Familie und ich nach drei Jahren in Großbritannien nach Deutschland zurückkehrten, erfüllt von vielen schönen Erlebnissen auf Plätzen aus »Cool Camping England«, haben wir lange diskutiert: Ob es in Deutschland überhaupt genügend coole Plätze gibt, die eine deutsche Version von »Cool Camping« füllen könnten?

Es gibt sie. Deutschlands schönste und coolste Campingplätze sind in diesem Buch versammelt. Cool Camping kommt – langsam und gewaltig. Vielleicht bekommt sogar der eine oder andere Wohnwagenbenutzer Lust, seine Reifen aufzupumpen und den Jägerzaun einzureißen. Denn es gibt viel zu entdecken!
Die Rückeroberung hat begonnen.

Hamburg, im April 2011

FAVORITEN

Die Besten der Besten

Es gibt diese Plätze, auf denen schon in der ersten Sekunde alles stimmt.
Du spürst die Magie des Ortes, kannst die Natur riechen und weißt genau, wo dein Zelt stehen muss. Und du ahnst: Es wird nicht leicht, hier wieder abzureisen. Die Auswahl war nicht leicht – aber hier sind unsere fünf Favoriten (na gut, eigentlich sind es sieben):

1. ANNA FLEUTH, WINNEKENDONK [27]

Cool Camping pur: Die grandiose Idee eines jungen Mannes aus Nordrhein-Westfalen – Zelten in Papas Garten. Einfach, ruhig und schön. Keine Autos, keine Bullis. S. 115

2. SCHNITZMÜHLE, VIECHTACH [56]

Glamping pur: Urlaub im Hotel-Camping-Wellness-Abenteuer-Land, im Bayerischen Wald, mitten in der Natur. Und der Caffè Latte ist nicht weit. S. 229

3. VOLKERTSWARFT, HALLIG HOOGE [1]

Natur pur: Einsamer und ausgesetzter wird man sich nirgendwo fühlen.
Eine weite Salzwiese auf der Hallig Hooge, autofrei und aufregend karg. S. 17

4. THE TENT, MÜNCHEN [57]

Stadtabenteuer pur: »The Tent« liegt keine 30 Minuten vom Münchener Hauptbahnhof entfernt und trotzdem im Grünen. Eine Jugendherberge an der frischen Luft. S. 233

EIN ANDERER GRANDIOSER STADTPLATZ:

TENTSTATION, BERLIN [26]

Die Mutter des coolen Stadtcampings: In einem alten Freibad hat's begonnen, aber ob und wie es weitergeht, steht nach fünfjähriger Erfolgsgeschichte leider noch in den Sternen. S. 111

5. KULTURINSEL EINSIEDEL [47]

Kreativcamping pur: Im hintersten Winkel Sachsens warten Baumhäuser, Behütum-Zelte, Baumzelte, Erdhäuser und eine einfache Zeltwiese – ein Fantasiland für Frischluftfanatiker. S. 191

AUCH ÜBERRASCHEND ANDERS:

INDIANERHOTEL RHÖN [38]

Wilder Westen pur: Deutschlands schönstes Tipidorf in Sichtweite der Wasserkuppe.
Malerisch um einen kleinen See gelegen, mit Bogenschieß-Lehrgang und Biobrot. S. 157

FAVORITEN

Die Besten ihrer Art

DIE SCHÖNSTEN LAGERFEUER

- 23 Camp am Ellbogensee, Wesenberg-Strasen
- 58 Jugendzeltplatz Chieming
- 6 Schaalsee-Camp, Sterley-Pipersee
- 22 Hexenwäldchen, Blankenförde-Kakeldütt
- 57 The Tent, München

DIE SCHÖNSTEN ZELTWIESEN

- 27 Anna Fleuth, Winnekendonk
- 50 Müllerwiese, Enzklösterle
- 7 Zeltplatz Spiekeroog
- 31 Schafbachmühle, Schleiden
- 9 Campingplatz Lühesand, Grünendeich

DIE BESTEN IN DER STADT

- 11 Elbe-Camp, Hamburg
- 51 Der Sonnenhof, Stuttgart
- 57 The Tent, München
- 48 Hirzberg Camping, Freiburg
- 26 Tentstation, Berlin

DIE EINSAMSTEN CAMPSITES

- 9 Campingplatz Lühesand, Grünendeich
- 1 Volkertswarft, Hallig Hooge
- 58 Jugendzeltplatz Chieming
- 19 Ferienhof Birkengrund, Rügen
- 24 Campingplatz Naturfreund, Kratzeburg

DIE BESTEN AM MEER

- 7 Zeltplatz Spiekeroog
- 3 Ferienhof Folger, Westerkoog
- 1 Volkertswarft, Hallig Hooge
- 2 Wattenmeerhaus, Pellworm
- 20 Naturcamping Usedom, Lütow

DIE BESTEN FÜR SCHWIMMER

- 23 Camp am Ellbogensee, Wesenberg-Strasen
- 29 Ruhrcamping, Essen
- 54 Camping-Insel Bug, Bamberg
- 49 Camping Seeperle, Uhldingen-Mühlhofen
- 59 Camping Zellersee, Schleching

DIE BESTEN ZUM KLETTERN UND KRAXELN

- 50 Müllerwiese, Enzklösterle
- 46 Thorwaldblick, Hinterhermsdorf
- 55 Camping Bärenschlucht, Pottenstein
- 40 Harz-Camping, Schierke
- 33 Vulkaneifel, Manderscheid

DIE BESTEN FÜR PADDLER

- 42 Outtour Saale-Unstrut, Kirchscheidungen
- 36 Hofgut Stammen, Trendelburg
- 23 Camp am Ellbogensee, Wesenberg-Strasen
- 49 Camping Seeperle, Uhldingen-Mühlhofen
- 13 Schaalsee-Camp, Sterley-Pipersee

DIE BESTEN FÜR ROMANTISCHE WOCHENENDEN

- 56 Schnitzmühle, Viechtach
- 14 Bauwagen, Satemin
- 44 MiO Minicamping, Ottendorf
- 39 Palumpa-Land, Niederdorla
- 16 Baumhaushotel Solling, Uslar-Schönhagen

DIE BESTEN MIT KINDERN

- 47 Kulturinsel Einsiedel, Neißeaue
- 15 Ehrlingshof, Rehden
- 22 Hexenwäldchen, Blankenförde-Kakeldütt
- 51 Der Sonnenhof, Stuttgart
- 52 Ökoferienhof Retzbach, Naicha

DIE BESTEN KÖCHE & COCKTAILS

- 56 Schnitzmühle, Viechtach
- 44 MiO Minicamping, Ottendorf
- 11 Elbe-Camp, Hamburg
- 55 Camping Bärenschlucht, Pottenstein
- 30 Rheincamping, Meerbusch

DER BESTE KUCHEN & CAFÉS

- 12 Camping Land an der Elbe, Stove
- 2 Wattenmeerhaus, Pellworm
- 23 Camp am Ellbogensee, Wesenberg-Strasen

DIE BESTEN FÜR GRUPPEN

- 58 Jugendzeltplatz Chieming
- 19 Ferienhof Birkengrund, Rügen
- 35 Outdoorzentrum Lahntal, Greifenstein-Allendorf
- 11 Elbe-Camp, Hamburg
- 1 Volkertswarft, Hallig Hooge

DIE BESTEN INDIANERDÖRFER

- 38 Indianerhotel Rhön, Poppenhausen
- 35 Outdoorzentrum Lahntal, Greifenstein-Allendorf
- 58 Jugendzeltplatz Chieming
- 42 Outtour Saale-Unstrut, Kirchscheidungen
- 41 Tipidorf Bertingen, Angern

DIE COOLSTEN IDEEN

- 28 Das Parkhotel, Bottrop-Ebel
- 47 Kulturinsel Einsiedel, Neißeaue
- 29 Ruhrcamping, Essen
- 43 Kofferhotel, Lunzenau
- 16 Baumhaushotel Solling, Uslar-Schönhagen

DIE CLEVERSTEN KONZEPTE

- 56 Schnitzmühle, Viechtach
- 39 Palumpa-Land, Niederdorla
- 26 Tentstation, Berlin
- 44 MiO Minicamping, Ottendorf
- 27 Anna Fleuth, Winnekendonk

DIE BESTEN BAUERNHÖFE

- 15 Ehrlingshof, Rehden
- 52 Ökoferienhof Retzbach, Naicha
- 51 Der Sonnenhof, Stuttgart
- 3 Ferienhof Folger, Westerkoog
- 4 Minicamping Kleingarn, Fehmarn

LEGENDE

Nicht nur cool ...

… sondern auch praktisch: Bei jedem Campingplatz könnt ihr auf einen Blick sehen, ob ihr am Lagerfeuer träumen oder im Internet surfen könnt. Und wo euer Auto bleibt.

LAGERFEUER: JA!

Jeder darf sein Feuerchen am Zelt machen – aber bitte vorher fragen, wie hoch die Waldbrandgefahr ist.

LAGERFEUER: JA, ABER …

Es gibt zentrale Feuerstellen (oftmals in großartiger Lage), oder die Rezeption verleiht Feuerkörbe oder -schalen für eigene kleine Feuer.

WLAN: JA!

(Fast) überall auf dem gesamten Gelände ist WLAN verfügbar. Bitte checken, ob bezahlt werden muss.

WLAN: JA, ABER …

Surfen könnt ihr nur an der Rezeption, am Restaurant oder auf einem kleinen Teil des Campingplatzes.

MIT DEM AUTO DIREKT ZUM ZELT

Manche mögen's. Andere lieben ...

… ZELTEN AUTOFREI

Es gibt mindestens einen Bereich, in dem Autos verboten sind.

AUTOFREI TOTAL

Selbst für Bullis gibt es nirgends einen Platz.

Volkertswarft [1]

Von der Nordsee, der Mordsee,
Vom Festland geschieden,
Liegen die friesischen Inseln im Frieden.
Und Zeugen weltenvernichtender Wut,
Taucht Hallig auf Hallig aus fliehender Flut.
Aus: »Trutz, Blanke Hans«
von Detlev von Liliencron (1883)

Die Vorstellung beunruhigt ein wenig. Auf der Hallig Hooge muss ich mein Zelt dort aufschlagen, wo sonst manchmal die Wellen der Nordsee schlagen: auf einer Salzwiese, nicht höher gelegen als der Meeresspiegel. Rundherum kann sich das Auge an kaum etwas festhalten. Schroffe, graugrüne Weite, in der das Gras kratzig aussieht und der Wind mächtig weht. Priele durchziehen die Inselwelt, als wolle die Mordsee mit ihren salzigen Armen die Beute auch im Sommer nicht ganz loslassen. Nur hier und da ragen Hügel aus der platten Insel. Menschen haben sie aufgeworfen, vom »Werfen« haben sie auch ihren Namen: Warften.

Hooges Zeltplatz liegt an der Volkertswarft, einer Art Schullandheim, in dem vor allem Gruppen Unterschlupf finden. Offiziell nennt Warft-Chef Leif Boyens seine Wiese nur »Jugendbehelfszeltplatz«, denn er will den Urlaubern vorbeugen, die Fünf-Sterne-Niveau erwarten: So eng, wie sich Camper hier in die Salzwiese ducken können, so nah, wie sie der Nordsee-Natur sind, so fern sind sie auch von jedem Komfort. Wer morgens den Reißverschluss aufratscht, sieht vielleicht einen Austernfischer auf der anderen Seite des Priels. Auf frischen Kaffeeduft kann er dagegen lange warten, wenn er nicht selbst den Gaskocher anwirft.

Der einzige Campingluxus ist die feste Grasnarbe der »Fenne«, wie sie auf der Hallig ihre Wiesen nennen: Baldrian für nervöse Camperseelen, die den Sturm heranziehen sehen. Ein Hering, der hier feststeckt, rutscht nicht mehr aus der Erde. Die nächste Badebucht ist nur 100 Meter weit entfernt, und auch alles andere erreicht man zu Fuß. Wohnwagen, Wohnmobile und sogar Bullis sind unerwünscht.

In Sichtweite des Zeltplatzes recken sich Ipkenswarft, Kirchwarft und Ockelützwarft in den grauen Nordseehimmel. Letztere beherbergt die kleine Schule der Hallig, die 2011 gerade drei Schüler besuchten. Insgesamt leben noch nicht einmal 100 Menschen auf den Hügeln von Hooge – ein Bergvolk in den Weiten der Nordsee. Unten, am Fuß der Warften, bleiben nur Schafe, Kühe und Camper. Und das ist beunruhigend, wenn man weiß, dass die Nordsee mit »weltenvernichtender Wut« die Hallig Hooge vier bis fünf Mal im Jahr überflutet. Das Sturmflutkino auf der Hanswarft zeigt, was dann passiert: Nur noch die Warften ragen aus dem Meer wie Inseln. Und die Zelte?

Wenn man Leif Boyens, den Chef der Volkertswarft, fragt, wie lange im Jahr sein Zeltplatz geöffnet bleibt, dann hofft man auf

SCHLESWIG-HOLSTEIN / **HALLIG HOOGE**

eine andere Antwort als »ganzjährig«. Doch Camping auf Hooge ist auch im Herbst, auch in der Sturmflutsaison möglich, schließlich lebt Boyens selbst das ganze Jahr über auf der Hallig. Angst vor dem Meer haben sie hier keine, Respekt schon: Mit Flut und Sturmflut haben sich die Hooger arrangiert. Für ein paar Tage im Jahr die Nachbarn auf der eigenen Hallig nur per Boot erreichen zu können, gehört zum Alltag.

Kühe & Co. werden dann schnell noch in ihre Ställe auf den Hügeln getrieben, und man kann nur hoffen, dass bei herannahendem Sturm niemand vergisst, auch die Camper aus ihren Zelten auf die Hügel von Hooge zu retten.

SONNENSEITE: Entlegener Campen geht kaum – zwischen Salzwiese und Himmel, direkt am Priel.
SCHATTENSEITE: Camping pur, ohne Schnickschnack. Und wenn der Wind bläst, bläst er richtig.
KOSTEN: 5 € pro Person plus 1 € Kurtaxe.
KLO & CO.: Toiletten und Duschen im sehr einfachen Bauwagen.
ESSEN & TRINKEN: Alles mitbringen – Camper an der Volkertswarft sind Selbstversorger.
STADTPROGRAMM: »Sansibar« statt Einsamkeit – zum Kontrastprogramm fahren die Adler-Schiffe in der Saison täglich in 90 min nach Sylt, der größten Nordfriesischen Insel.

LANDPARTIE: Die afrikanischen Nationalparks haben ihre »Big Five« (Elefant, Löwe, Nashorn, Büffel, Leopard) – die Nordsee hat ihre »Flying Five«, und auf Hooge sind sie zu Hause: Alpenstrandläufer, Brandgans, Ringelgans, Austernfischer und Silbermöwe. Das Wattenmeerhaus Hooge hilft bei der Suche.
ABENTEUER: Schatzsuche im Spülsaum der Nordsee – an der Halligkante wird immer wieder Bernstein angespült. Oder mit dem Chef der Volkertswarft, Leif Boyens, auf Wattwanderung gehen.
GRILLFREI: Labskaus oder Porrenpann in der T-Stube (Hanswarft). Im ehemaligen Atelier des

Malers Peter Lübbers isst man nordfriesisch unter offenem Reetdachgebälk. Zum Nachtisch eine der 41 Teesorten probieren.
HIN & HER: Mit der Reederei Adler ab Nordstrand, Amrum oder Sylt, oder mit der MS Gebrüder am Pellworm / Anleger »Hooger Fähre« auf die Hallig Hooge. Autos zu Hause lassen. Zum Zeltplatz laufen – oder Pferdekutsche bestellen.
GEÖFFNET: Ganzjährig. Bei Flut dürfen Zelte auf die Warft.
AUSWEICHQUARTIER: Auf Pellworm (s. S. 21) oder Amrum (Inselstraße 125, 25946 Wittdün auf Amrum, 04682 2254, info@amrum-camping.de).

Volkertswarft, 25859 Hallig Hooge

t 04849 909940 w www.volkertswarft.de @ info@volkertswarft.de

SCHLESWIG-HOLSTEIN / **PELLWORM**

Wattenmeerhaus [2]

Wer als Zelturlauber nach Pellworm kommt, der spürt schnell: Er ist ganz offensichtlich etwas Besonderes. Noch heute erzählen sie sich auf der Nordfriesischen Insel von jenem Tag kurz vor Ostern 2011, als der erste Camper Pellworm erreichte. Weil die Insel klein ist, war er überall schnell erkannt: »Sind Sie nicht der erste Camper?«, wurde er gefragt, wenn er in der Inselhauptstadt Tammensiel einkaufen ging. »Ah, unsere Rarität«, rief man ihm entgegen, wenn er im Kirchspielskrug an der Alten Kirche einkehrte.

Dreißig Jahre lang hatte sich Pellworm um einen Campingplatz bemüht. Land- und Pensionswirte scheiterten reihenweise bei dem Versuch, ihre Felder und Gärten für Camper zu öffnen. Die Behörden auf dem Festland sagten immer wieder: »Nein.« Erst die resolute Karin Kobauer, ein Kind Pellworms, schaffte es schließlich. Nach 40 Jahren auf dem Festland kehrte sie mit Ehemann auf ihre Insel zurück. Ein Segen für alle. Karin Kobauer backt nicht nur fantastische Torten in ihrem kleinen Café im Wattenmeerhaus, sie hat auch die Behörden überzeugt und betreibt seitdem am Wattenmeerhaus den ersten und einzigen Campingplatz Pellworms: klein und fein, kein Vergleich zu den Wohnwagen-Burgen anderswo an der Nordsee. Das Wattenmeerhaus liegt wie viele alte Häuser Pellworms auf einer Warft, ein grüner Hügel, der seine Bewohner einst im Winter aus den Unbilden der Nordseefluten hervorhob. Rundherum, am Fuße dieses Hügels, können Camper ihre Zelte aufschlagen. Und keine Sorge: Mittlerweile ist Pellworm komplett eingedeicht, so dass eine plötzliche Sturmflut niemanden auf Zeltplatzhöhe null Meter über Normalnull bedrohen würde.

Nahe der Campingwiese erhebt sich ein roter Backsteinkoloss – das Wahrzeichen Pellworms. Der Alte Kirchturm steht für den frühen Reichtum und Stolz der Insulaner. Schon im 13. und 14. Jahrhundert wollten sie zeigen, wozu sie in der Lage waren. Einzig: Der Boden, auf dem die Pellwormer das Symbol ihrer Schaffenskraft errichteten, konnte dessen Gewicht nicht tragen. Teile des 52 Meter hohen Turmes stürzten um und ließen eine Ruine zurück, die nur noch halb so hoch ist wie das Original. Zum Glück ist Pellworm so flach, dass man den halben Turm trotzdem von überall sehen kann, auch von der Badestelle jenseits des Deiches, etwa 100 Meter entfernt vom Campingplatz.

Leider hat die Insel keinen Sandstrand. Wer in die Nordseefluten tauchen will, muss erst durch Schlamm staksen. Aus diesem Grund kommen seit jeher nicht so viele Urlauber nach Pellworm wie auf andere Nordsee-Inseln. Was wiederum von Vorteil ist: Die Pellwormer sitzen noch vor ihren Häusern auf der Bank und schauen Neuan-

SCHLESWIG-HOLSTEIN / **PELLWORM**

kömmlingen neugierig entgegen, während sie auf Sylt hinter ihren Häusern sitzen, weil sie nichts mehr von Urlaubern wissen wollen. Wer über Pellworm radelt, kann von den Einheimischen viel erfahren, wenn er für einen Plausch anhält: über die Grote Mandränke zum Beispiel, eine Jahrhundertflut, bei der die Stadt Rungholt versank und mit ihr 7600 Menschen. Oder über den Seeräuber Cort Wiederich, der in der Turmruine der Alten Kirche hauste, gleich neben dem Zeltplatz.

Urlauber sehen sie auf Pellworm gern als Einheimische auf Zeit. Und wenn Touristen dann noch mit dem Zelt kommen, soll es vorkommen, dass der Kurdirektor persönlich sie mit Handschlag begrüßt. Das mag daran liegen, dass Kurdirektor Andreas Kobauer mit Zeltplatz-Chefin Karin verheiratet ist und abends ohnehin am Wattenmeerhaus vorbeischaut. Es liegt aber auch daran, dass Zelturlauber auf Pellworm noch immer eine kleine Sensation sind.

SONNENSEITE: Camping hinterm Deich, ruhig, entspannt und einsam.
SCHATTENSEITE: Pellworm erhebt eine Kurtaxe (wie fast überall an der Nordsee) – 2,50 € pro Tag und Nase.
KOSTEN: 5–7,50 € pro Zelt, 4 € pro Person, 3 € für Kinder bis 16 Jahre, Strom 2,50 €.
KLO & CO.: Im Wattenmeerhaus, zweckmäßig – Männer müssen in den ersten Stock.
ESSEN & TRINKEN: Karin Kobauer backt leckerste Toten und macht nach Vorbestellung Frühstück im Café.
STADTPROGRAMM: Konsum in Husum nach Enthaltsamkeit auf Pellworm – »Die graue Stadt am Meer« (Theodor Storm) bietet Einkaufszone, Schloss und Hafen. In Husum wurden Storms »Der Schimmelreiter« und Erich Kästners »Emil und die Detektive« verfilmt.
LANDPARTIE: Einmal um Pellworm herum – 25 km mit dem Fahrrad auf dem asphaltierten Außendeich. Wer am Anfang richtig fährt, hat am Ende Rückenwind.
ABENTEUER: Zweimal wöchentlich wandert der Halligpostbote Knut Knudsen durchs Watt nach Süderoog und nimmt gern Urlauber mit. Süderoog ist die südlichste Hallig, auf der ein einzelnes Ehepaar nach dem Rechten sowie nach 25 Schafen, drei Pferden, zwei Kühen und einem Hund sieht.
GRILLFREI: Seit über 100 Jahren, in vierter Generation, wird im Gasthaus »Hooger Fähre« gekocht. Auf den Tisch kommen für Pellworm exotische Dinge – Pasta statt panierter Fisch. (ca. 2 km vom Campingplatz – Hooger Fähre 5, 04844 992323).
HIN & HER: Mit der Neuen Pellwormer Dampfschifffahrtsgesellschaft (N.P.D.G.) mehrmals am Tag ab Nordstrand (Strucklahnungshörn) – für Autos sollte man reservieren. Der Zeltplatz liegt im Westen nahe der Alten Kirche, also einmal quer über die Insel radeln, wandern oder Sammelmietwagen, Taxi und Inselbus nutzen. Weiterfahrt ab »Hooger Fähre« mit dem kleinen Bötchen MS Gebrüder (ohne Auto) auf die Hallig Hooge.
GEÖFFNET: April bis Oktober.
AUSWEICHQUARTIER: Auf Hallig Hooge (s. S. 17) oder Amrum (Inselstraße 125, 25946 Wittdün auf Amrum, 04682 2254, info@amrum-camping.de).

Wattenmeerhaus Pellworm, Klostermitteldeich 14, 25849 Pellworm

t 04844 9904288 w www.wattenmeerhaus-pellworm.de   info@wattenmeerhaus-pellworm.de

SCHLESWIG-HOLSTEIN / **WESTERKOOG**

Ferienhof Folger

Wer auf dem Ferienhof Folger einchecken will, muss manchmal ein wenig warten. Die Chefin badet gerade. »Die ist zum Deich gefahren«, vertrösten Nachbarn Neuankömmlinge mehrmals am Tag. Dann wartet man vor dem Hof der Folgers, bis eine kleine Frau auf dem Drahtesel herbeigeflitzt kommt. Der Gepäckträger hält das Handtuch fest – ein paar feuchte Flecken im T-Shirt, das Haar klitschnass, das Gesicht leuchtet vom kühlen Nordseewasser.

Carmen Folger wäre schön blöd, würde sie nicht regelmäßig diesen kleinen Ausflug machen. Denn sie und ihre Gäste leben in Sichtweite des Nordseedeichs nördlich von Büsum. Die Energie, die Carmen Folger im Salzwasser tankt, braucht sie ohne Frage, um ihren Hof zu schmeißen. Sie sitzt nicht nur dem Fremdenverkehrsverein von Hedwigenkoog vor. Seit dem Tod ihres Mannes wacht sie auch allein über Kühe, Schafe, Hängebauchschweine, Enten, fünf Ferienwohnungen und eben ihren Campingplatz. Und sie macht das mit viel Hingabe und Freude.

Jeden Abend gegen 17 Uhr füttert Carmen Folger mit allen urlaubenden Kindern die Tiere. Ihre Ponys stehen ständig neben den Zelten auf der Nachbarwiese und dürfen fast rund um die Uhr von Reitermädchen und Cowboyjungs ausgeführt werden – in welche Himmelsrichtung auch immer –, denn Verkehr und Gefahren sind ganz weit weg von Westerkoog.

Das Land ist hier so flach, dass man glaubt, anreisende Besucher schon am Vortag in der Ferne sehen zu können. Durchs platte Grün der Wiesen ziehen sich nur die mächtigen Deiche. An einem solchen Deich liegt auch der Garten von Carmen Folger. Nicht nur bei ihr finden Zelturlauber ihre Ferienheimat. Auch die Nachbarn vermieten ihre Gärten, und so ist Westerkoog ein kleines Campingdorf, dessen schlauchförmige Gärten im Sommer jeweils fünf oder sechs Zelten, Bullis oder Wohnwagen eine Heimat bieten.

Ein paar hundert Meter weiter liegt der Strand so wunderbar entlegen, dass man ihn manchmal ganz für sich hat. Manche vermissen vielleicht den Sand, aber es hat seine Vorteile, auf dem Gras des sanft abfallenden Deiches in der Sonne zu schlummern. Denn der Sand rieselt nicht in jede Ritze. Und das Wasser ist zwar bei Ebbe weit, dafür aber kinderfreundlich flach: Über hunderte Meter ist die Nordsee hier nur knöchel- bis knietief (und herrlich matschig), bevor man wirklich schwimmen kann.

Das sind Zutaten für einen perfekten Urlaub. Dabei war Westerkoog nicht als Feriendorf geplant, im Gegenteil. Auf alten Karten taucht es nur als »Sommerkoog« auf. Damals waren die Deiche noch zu niedrig, um den Hochwassern im Winter standzuhalten. Schon im 17. Jahrhundert hatten die Dith-

SCHLESWIG-HOLSTEIN / **WESTERKOOG**

marscher den Sommerkoog der Nordsee abgetrotzt, doch es sollte bis zum Zweiten Weltkrieg dauern, dass das Gebiet ganzjährig besiedelt werden konnte. Erst den nationalsozialistischen Blut- und Bodenideologen schien es vernünftig, die Deiche zu erhöhen – auch aus militärischen Erwägungen. Gleich nebenan entstand der »Luftwaffenkoog«, wo die Luftabwehr ihre Geschütze gegen alliierte Kampfflieger aufbaute. In den großen Baracken von Westerkoog wurden erst Soldaten und später Kriegsversehrte untergebracht. Denn schon damals wusste man: Das Nordseeklima hilft zu heilen.

Auch Carmen Folger schwört auf die gute Luft an ihrem Deich, insbesondere im Frühjahr und im Herbst. Dann hat sie auch ein wenig mehr Zeit, um Energie für die nächste Saison zu tanken. Sie springt einige Male öfter aufs Fahrrad und radelt die paar Meter zum Deich. Ihr Handtuch bleibt zur Sicherheit tagsüber gleich auf dem Gepäckträger.

SONNENSEITE: Die Nordsee vor der Tür, aber trotzdem entspannt (fast einsam).
SCHATTENSEITE: Der Platz ist klein und schnell ausgebucht – telefonisch reservieren!
KOSTEN: Erwachsene 3 €, Kinder 1,50 €, Zelt oder Bulli 5–8 € nach Saison, Strom 3 €.
KLO & CO.: Sehr einfach im Ferienhaus.
ESSEN & TRINKEN: Vor Ort gibt's nichts – alles mitbringen.
STADTPROGRAMM: Am grauen Strand, am grauen Meer / Und seitab liegt die Stadt / Der Nebel drückt die Dächer schwer / Und durch die Stille braust das Meer ... Theodor Storms »graue Stadt« Husum liegt 50 km nördlich, die kleine Schwester Büsum liegt 10 km südlich – beides typische Nordsee-Städte, die im Sommer von Touristen überrannt werden.
LANDPARTIE: Am Eidersperrwerk (13 km mit dem Fahrrad) drehte Wim Wenders in den 70ern die Schlussszene von »Der amerikanische Freund«. Heute öffnet sich vom Fußweg über das Sperrwerk ein toller Blick auf Westküste und Eider.
ABENTEUER: Erste Surfschritte lassen sich in Büsum gehen – wortwörtlich, denn der kleine Binnensee am Hafen ist als Stehrevier perfekt für Einsteiger. (Wassersportschule Büsum, Am Sandstrand, 25761 Büsum, 0172 6727087, info@wassersport-buesum.de).
GRILLFREI: Zartes Lamm, fangfrischer Fisch und Nordseekrabben im »Café Wiesengrund« in Büsum/Stinteck (Stinteck 16, 04834 2147, info@nordsee-wiesengrund.de).
HIN & HER: A23 bis Abfahrt Heide/West, dann B203 Richtung Büsum. Kurz hinter Oesterdeichstrich rechts ab nach Westerdeichstrich, am Restaurant Landhaus rechts ab bis Hedwigenkoog. Durch den alten Deich hindurch, der Hof liegt links vor der Badestelle Westerkoog. Oder ohne Auto vom Bahnhof Heide mit dem Bus 2712 (bis Westerkoog).
GEÖFFNET: April bis September.
AUSWEICHQUARTIER: In den Gärten nebenan ist auch Platz für Zelte – Camping Am Alten Seedeich, Familie Witt, Westerkoog 19, 04834 962623 oder Camping Von Der Geest, Westerkoog 13, 04834 2365.

Ferienhof Folger, Westerkoog 14, 25761 Hedwigenkoog

| t | 04834 9270 | w | www.bauernhofferien-nordsee.de | | info@bauernhofferien-nordsee.de |

SCHLESWIG-HOLSTEIN / **SULSDORF, FEHMARN**

Minicamping Kleingarn

Niko Kleingarn ist, was er ist: Ein Landwirt, der sein Fach versteht. Nebenbei beherbergt er noch Camper auf einer kleinen Wiese am Bauernhaus. Aber das ändert nichts daran, dass für ihn bestimmte Dinge eben sind, was sie sind. Und wer auf der hoch geschwungenen Brücke den Fehmarnsund überquert und die Bundesstraße verlässt, wer sich dann über Landstraßen langsam Nikos Heimat Sulsdorf nähert, dem mag zwar der Atem stocken vor Schönheit – der rote Mohn am Rand der Felder, dazwischen die blauen Kornblumen –, Niko Kleingarn jedoch antwortet dem schwärmenden Touristen nur: »Ach, das Unkraut?«, und geht zum nächsten Thema über. Er ist eben vor allem Landwirt, und herrlich direkt.

Insofern lernen Urlauber bei Niko Kleingarn ein Fehmarn kennen, das sich von den großen Campingplätzen in den Dünen rings um die Insel nicht erschließt: Ein Fehmarn, das nicht nur aus Strand besteht, sondern auch aus den weiten Flächen im Inneren. Dank des mächtigen, humusreichen Oberbodens sind sie besonders fruchtbar. Diese Fehmarner Schwarzerde hält übrigens auch Heringe gut fest (aber das ist für Niko Kleingarn nur Nebensache). Vor allem machte sie Fehmarn zur Kornkammer Schleswig-Holsteins. Niko ist einer der Vorarbeiter in dieser Kornkammer, und in der Erntezeit sitzt er manchmal Tag und Nacht auf dem »Bock« – im Trecker oder Mähdrescher –, um vor dem Regen noch die letzten Ähren »vom Feld zu stehlen«, wie er sagt.

Zur Erntezeit ist zwar meist auch Hochsaison auf seinem Campingplatz. Aber den lässt Niko nebenherlaufen, weil ohnehin nur fünf Bullis, Wohnwagen oder Zelte Platz in seinem Garten finden – wenn überhaupt. Da leuchten Nikos Augen plötzlich, und er erzählt die Geschichte von dem Berliner Brauereibesitzer, der plötzlich mit einem Tieflader vor seinem Gartentor stand. Er schleppte einen wuchtigen Anhänger in den Garten und drückte einen Knopf: Zu beiden Seiten surrte der Aufbau in die Breite. Und Nikos Garten war schon mit einem Camper voll – wenn auch einem außergewöhnlich raumgreifenden. Große Maschinen beeindrucken den Landwirt Niko Kleingarn dann doch, selbst wenn sie nicht unmittelbar mit der Ernte zu tun haben.

An normalen Tagen ohne Ausnahme-Wohnwagen findet der Zelturlauber in Nikos Garten seine kleine Nische unter Obstbäumen. Büsche rahmen die Wiese mit der kleinen Feuerstelle ein. Zwischen Campingplatz und Bauernhaus liegt ein Spielplatz, den Urlaubskinder und Kleingarn-Nachwuchs gleichermaßen nutzen. Nikos Kinder Kristina, Elisa und Tobias kümmern sich zudem darum, dass Gastkinder auf dem Pony durchs Dorf reiten dürfen. Die Scheune ist immer offen, damit Urlauber die jüngsten

SCHLESWIG-HOLSTEIN / **SULSDORF, FEHMARN**

Neuankömmlinge der Katzenfamilie begutachten können. Und die nächste Surfstelle ist nur 700 Meter weit entfernt – ein knietiefes Revier für Anfänger.

Minicampingplätze wie Nikos Nische im Garten haben Tradition auf Fehmarn. Formal genehmigt wurden sie nie. Aus Gewohnheit erlauben die Behörden vier oder fünf Gäste pro Hof, und viele Bauern machen davon Gebrauch. Der Garten der Kleingarns ist ein besonders schönes Beispiel dafür – mit wenig Touristen-Tamtam und viel Ursprünglichkeit. Eben Camping auf dem Bauernhof, mit einem Gastgeber, der Urlauber und ihre Sorgen nicht immer ganz ernst nimmt. Schließlich ist Niko Kleingarn vor allem eines: Landwirt. Und so soll es auch bleiben.

SONNENSEITE: Camping abseits der Riesenplätze, mit Bauernhof-Anschluss.
SCHATTENSEITE: Nicht direkt am Meer – und schnell ausgebucht (nur zehn Plätze).
KOSTEN: 5 € pro Platz, 4 € pro Person.
KLO & CO.: Sehr einfach in der Scheune.
ESSEN & TRINKEN: Vor Ort gibt's nichts, also alles mitbringen! Die nächsten Supermärkte sind in Petersdorf (ca. 3 km).
STADTPROGRAMM: Burg auf Fehmarn (14 km) bietet einen schönen Marktplatz mit altem Rathaus und dem üblichen Nepp & Schlepp norddeutscher Küstenorte.
LANDPARTIE: Das Wasservogelreservat Wallnau (6 km) ist eines der bedeutendsten Schutzgebiete für Zugvögel. Mit Hilfe des Naturschutzbundes (Wallnau 4, 23769 Fehmarn, 04372 1002, wallnau.nabu.de) können Rothalstaucher und Zwergseeschwalbe beobachtet werden.
ABENTEUER: Im Hafen von Burg auf Fehmarn wartet ein 40 Meter hohes Silo auf Gipfelstürmer – angeblich die höchste Top-Rope-Anlage Europas (Burgstaaken 50, 23769 Fehmarn/Burg auf Fehmarn, siloclimbing@online.de, 04371 503102 oder 0170 331764).
GRILLFREI: In der »Villa« in Orth gibt's Sommernachtspartys mit Jam-Sessions und Cuba Libre, tagsüber kann man bei sensationellen Eisbechern und selbstgebackenem Kuchen die Schiffe im Hafen beobachten (Am Hafen 3, Orth, 23769 Fehmarn).
HIN & HER: Mit dem Zug bis Burg auf Fehmarn, dann Bus Nr. 5754 bis Sulsdorf. Mit dem Auto auf der B207 über den Fehmarnsund, dann über Lemkendorf und Petersdorf nach Sulsdorf.
GEÖFFNET: März bis Oktober.
AUSWEICHQUARTIERE: Weitere Minicampings auf Fehmarn:
Minicamping Eckhoff, Gollendorf 11, 23769 Fehmarn, 04372 375, info@eckhoff-fehmarn.de und Ferienhof Johannes Höpner, Püttsee Nr. 4, 23769 Fehmarn, 04372 201, johannoshoepner@web.de

Minicamping Kleingarn, Am Dorfteich 10, 23769 Fehmarn, Ortsteil Sulsdorf

| t | 04372 707 | w | www.bauernhof-kleingarn.de | | N.Kleingarn@t-online.de |

SCHLESWIG-HOLSTEIN / **FEHMARN**

Teichhof [5]

Als der Gutsherr Opitz Anfang der 20er Jahre nach Fehmarn kam, vermochte er sich wohl nicht auszumalen, dass auf seinem Land einmal Zelte aufgeschlagen würden. Denn zum einen war die Campingwelle der 50er Jahre noch nicht durch die Republik geschwappt. Und zum anderen hatte sich Opitz darauf eingerichtet, etwas länger zu bleiben und sein Land zu genießen, ohne es mit Urlaubern zu teilen. Aber es sollte anders kommen.

33 Zelte, Bullis oder Wohnwagen finden heute Platz auf dem Teichhof – luxuriös klein im Vergleich zu den Wohnwagensiedlungen am Rest der Inselküste. Dazu liegt der Platz direkt am Strand in den Dünen – ein kleines Paradies. Das hatte auch Opitz schon erkannt. In kurzer Zeit kaufte er riesige Ländereien auf, von Niobe im Osten bis zu der Landspitze, mit der sich Fehmarn bei Westermarkelsdorf in Richtung Dänemark streckt – der Mann richtete sich ein auf Fehmarn. Damit seine Bauern ihr Land beackern können, legte Opitz nach niederländischem Vorbild ein Kanalsystem an und machte so den gesamten Nordwesten der Insel urbar. Eine der Pumpen, die Regenwasser zurück in die Nordsee beförderten, steht noch heute auf dem Teichhof.

Opitz hatte seine Rechnung jedoch ohne die Behörden gemacht. Die erwarteten schon in den 20er Jahren, bei derart umwälzenden Eingriffen in die Landschaft befragt zu werden. Ein Streit entspann sich, an dessen Ende Opitz die Insel wutentbrannt nach nur vier Jahren wieder verließ. Sein Wirken hat jedoch bis heute Folgen: Das Vogelschutzgebiet der Wallnau wäre ohne seine Kanäle nicht entstanden, ebenso wenig die kleinen Binnenseen, die den Teichhof heute in Richtung Süden begrenzen.

Im Brackwasser dieser Seen gedeihen zwar Mücken sehr gut, aber mit ein wenig Glück piesacken die Biester Zelturlauber nicht zu sehr. Denn die Natur ist hier noch im Lot – den Mücken hat sie flitzende Feinde beschert. Rauch- und Mehlschwalbe sausen durch die Luft und genehmigen sich dabei so manchen Snack. Die Besitzer des Teichhofs, Hamburger Windsurf-Enthusiasten, bemühen sich ohnehin, die Natur nicht zu sehr zu stören mit ihrem Campingplatz. Seeadler nisten nahebei, und im Meer vor dem Campingplatz lassen sich immer mal wieder Tümmler sehen.

Seitdem Opitz davonstapfte, wird der Teichhof touristisch genutzt – zunächst als Gaststätte, später auch als Campingplatz. Urlauber können sich heute aussuchen, ob sie ihr Zelt an den Kanal im Süden stellen oder nah an den Deich im Norden. Es geht nicht rechteckig zu auf dem Teichhof, es gibt keine Parzellen, keine Gartenzwerge, aber einige Dauercamper. Am Rand des grünen Geländes leuchtet das weiße Gutshaus, das eigentliche

SCHLESWIG-HOLSTEIN / **FEHMARN**

Gutshaus, in dem heute Ferienwohnungen vermietet werden. Hinter den großen Toren verbarg Opitz einst seine Boote, die Pferde bei Bedarf auf den Strand schleppten.

Dieser Strand ist ein großer Pluspunkt des Teichhofs. Er liegt abseits der großen Touristenströme, und niemand beschwert sich, wenn Camper abends ihr Lagerfeuer entzünden. Und dann sitzt man im weißen Sand und schaut zu, wie die großen Ostsee-Fähren sich den Horizont entlang mühen.

Die Linie zwischen Himmel und Meer verschwimmt langsam und verschwindet schließlich. Das Lagerfeuer wärmt das Gesicht, und im Rücken wartet, vielleicht 20 Meter entfernt, ein warmer Schlafsack im Zelt. Dass wir hier heute unseren Nerven Freilauf geben können, hat viel damit zu tun, dass in den 20er Jahren ein Gutsherr vier Jahre lang wirbelte, bevor er entnervt wieder verschwand.

Kein Vergnügen nach Gutsherrenart, aber doch ein großes Vergnügen.

SONNENSEITE: Camping mit Meerblick, direkt am Strand.
SCHATTENSEITE: Gemischtes Publikum – und ein dauercampender Platzwart im Wohnwagen.
KOSTEN: 22 € pro Stellplatz mit 2 Personen, zusätzliche Kinder 1,50–3,50 €, Erwachsene 2–4,50 €, Strom 1,50 €.
KLO & CO.: Vorhanden im Gutshaus – nicht großartig, aber ausreichend.
ESSEN & TRINKEN: In der Saison können Brötchen bestellt werden. Die frei laufenden Hühner legen Eier, die der Platzwart manchmal unter die Leute bringt.
STADTPROGRAMM: Seit Puttgarden zum ICE-Bahnhof aufgewertet wurde, ist die dänische Hauptstadt Kopenhagen nicht mehr weit: 3 Stunden dauert die Zugfahrt, bei der die Waggons einfach auf die Fähre verladen werden.
LANDPARTIE: Steine sammeln am Strand – auf Fehmarn versteckt sich im Spülsaum nicht nur Bernstein, das »Gold der Nordsee«. Es gibt auch Klappersteine (kugelförmiges Feuersteingeröll), »Hühnergötter« (volkstümlich für Steine mit einem ausgewaschenen Loch in der Mitte) und Donnerkeile (spitz zulaufende Fossilien).
ABENTEUER: Beim Adventure-Minigolf in Meeschendorf (04371 8888574, info@adventure-golf-fehmarn.de) wird der Ball unter anderem über einen nachgebauten Fehmarnsund geschlagen. Wer selbst höher fliegen will, bucht einen Rundflug ab Neujellingsdorf (Pilot Klaus Skerra: 0171 9910931, ab 17 €).
GRILLFREI: Essen in der alten Südermühle (Mühlenweg 2, 23769 Fehmarn, 04372 636) in Petersdorf – im Sommer ab 22 Uhr Cocktails im Strandkorb.
HIN & HER: Der nächste Bahnhof ist in Puttgarden (14 km), von dort per Taxi. Mit dem Auto über den Fehmarnsund, dann von der B207 in Richtung Landkirchen abbiegen, über Lemkendorf und Wenkendorf zum Teichhof.
GEÖFFNET: Ganzjährig.
AUSWEICHQUARTIER: Der Campingplatz nebenan reiht Zelte und Wohnwagen hübsch am Deich entlang auf: Campingplatz Am Deich, Wenkendorf 1, 23769 Fehmarn, 04372 777.

Teichhof, Teichhof 1, 23769 Fehmarn

 040 18993971 oder 0176 56233312   www.gut-am-strand.de   @ info@gut-am-strand.de

SCHLESWIG-HOLSTEIN / **STERLEY-PIPERSEE**

Schaalsee-Camp [6]

Heutzutage kann man im Schaalsee-Camp vor seinem Zelt sitzen und aufs Wasser schauen. Man kann nach einem kleinen Fußmarsch in einen der Seen springen und unbegrenzt schwimmen. Oder direkt am kleinen Anleger ein Kanu besteigen und lospaddeln. Vor wenigen Jahren noch war daran nicht zu denken, denn die innerdeutsche Grenze hatte das Leben am Schaalsee fast zum Stillstand gebracht.

Kaum ein Mensch wird wohl behaupten, dass diese Grenze zwischen DDR und BRD ihr Gutes hatte. Streckmetallzäune und Selbstschussanlagen, Wachtürme und Minen hielten Menschen voneinander fern, ohne Rücksicht auf Leben und Lieben. Andere Lebewesen jedoch profitierten von Grenzstreifen und Sperrzonen: Kraniche zum Beispiel, die sich vor ihrem Zug in den Süden ungestört auf den feuchten Wiesen rund um den Schaalsee sammeln konnten. Wilde Orchideen wuchsen in Hülle und Fülle. Seeadler hielten sich an den rund 30 Fischarten in den Seen schadlos. Fischotter und Teichmolche lebten ihr Leben fern von Menschen, manchmal mussten sie sich allerdings ducken, wenn eines der beiden Patrouillenboot auf dem Schaalsee vorbeirauschte.

Für die Menschen war es ein seltsam begrenztes Leben an diesem See, in dessen Mitte Bojen den Grenzverlauf markierten. Dorfgemeinschaften mussten umsiedeln, weil die West-Alliierten mit der Sowjetunion ganze Landstriche zur besseren Grenzkontrolle austauschten. Das Ostufer war Sperrzone – hier lebten und arbeiteten zwar Menschen, die aber ständig kontrolliert wurden. Wenn die Fischer von Zarrentin auf den See fuhren, mussten sie sich den Grenztruppen mit besonderen Flaggensignalen zu erkennen geben. Und selbst, wer am Westufer des Sees schwimmen wollte, konnte dies nur an abgezäunten Badestellen.

Wer heute im Schaalsee-Camp sein Zelt aufbaut, der spürt, dass der See nach den Jahren der Teilung nur langsam aus seinem Dornröschenschlaf erwacht. Er ist der tiefste Klarwassersee der Republik, eine Stunde vor Hamburg – und trotzdem ist der Landstrich kein Magnet für wochenendliche Touristenströme. Denn zum einen erklärte die Politik den Schaalsee schon im Jahr der Einheit 1990 zum Naturschutzgebiet. Und seit 2000 führt die UNESCO ihn als Biosphärenreservat – Massentourismus hat hier keinen Platz. Zum anderen sind gute Teile der Ufer, aber auch des Sees selbst, (wieder) in Privatbesitz. Die Zahl der Boote ist streng limitiert – niemand darf sein eigenes Kanu einfach auf dem Schaalsee aussetzen. Die Mietboote tragen kleine Aufkleber, die den Zugang zum See erlauben.

Auch das Gelände des Schaalsee-Camps (im ehemaligen Westen) ist in Privatbesitz.

SCHLESWIG-HOLSTEIN / **STERLEY-PIPERSEE**

Ein reicher Hamburger verdient gutes Geld damit, dass der Kanuvermieter Lothar Krebs hier ein Abenteurerlager aufgebaut hat. Direkt an einem kleinen Kanal gelegen, der den benachbarten Phulsee mit dem Pipersee verbindet – für Kanutouren gibt es kaum eine bessere Basis.

Das Schmuckstück des Schaalsee-Camps sind ein halbes Dutzend Planwagen, die Lothar Krebs vermietet: Holzkarren unter einer beigefarbenen Zeltplane wie im Wilden Westen, Schlafsack und Isomatte bringen die Urlauber selbst mit. Wer lieber im eigenen Zelt schläft, findet schattigen Waldboden für seine Heringe. Und wer mit Freunden kommt, kann ein großes Tipi mieten und abends am Lagerfeuer klönen.

Für Familien gibt es drei neue, kleinere Indianerzelte. Zusammen mit einem großen Outdoor-Handel organisiert Lothar Krebs sogar Wochenendabenteuer, bei denen man lernt, Feuer zu machen und in der Natur zu überleben.

Denn hier, am Schaalsee, ist man wirklich mitten in der Natur. Auch dank der Grenze, die Adler & Co. jahrelang ein ungestörtes Dasein erlaubte. Dass heute keine Grenze mehr die Menschen fernhält, das gefällt uns Campern zwar sehr gut. Hoffentlich werden sich aber Rohrdommel, Schwarzspecht und Molch in einigen Jahren nicht die alten Grenzzäune zurückwünschen, samt Wachturm und Selbstschussanlage.

SONNENSEITE: Wildwest-Betten in wilder Natur – mit Kanal-Anschluss für Kanu-Cowboys.
SCHATTENSEITE: Der Platz liegt in einer Senke am Kanal, also: viel Schatten, wenig Sonne – und je nach Jahreszeit Mücken.
KOSTEN: Erwachsene 7 €, Kinder 5 €, Übernachtung im Planwagen 15 €, Tipi 12 €, Kinder 5 €, Zelt oder Bulli 5 €.
KLO & CO.: Das ältere Waschhaus ist nicht hübsch, aber man kann drin duschen.
ESSEN & TRINKEN: Auf dem Platz selbst gibt's nichts, der »Fuchsbau« gegenüber bietet Camperfrühstück und gutbürgerliche Küche.
STADTPROGRAMM: Die Inselstadt Ratzeburg (10 km) ist nur durch drei Dämme mit dem Festland verbunden. Ratzeburg steht voller Linden, und selbst die mehr als 300 Jahre alte Friedenslinde hat überlebt, obwohl die Stadt sie zu Gunsten eines neuen Marktplatzes fällen wollte.
LANDPARTIE: Ab Campingplatz können Eifrige durch Piper- und Salemer See sowie Schaalseekanal bis zum Küchensee südlich von Ratzeburg paddeln. Oder wandern: Am Oldenburger Wall zwischen Neuhorst und Lehmrade (knapp 8 km) sammeln sich die Kraniche, bevor sie im Herbst gen Süden fliegen.
ABENTEUER: In Bergrade (28 km) wird »SwinGolf« gespielt – Golf mit nur einem Schläger und größeren Löchern für Anfänger. Angebich ein neuer Trendsport. (Bergrade 4, 23898 Bergrade, 04543 888717, info@swingolf-bergrade.de).
GRILLFREI: Auf dem Schaalseehof (Alte Dorfstraße 1, 23883 Dargow, 04545 791700, www.schaalseehof.de) wird täglich Fisch geräuchert (mittwochs Ruhetag) – leckerer geht's nicht.
HIN & HER: Ab Bahnhof Mölln oder Büchen fahren Busse (Nummer 8850, 8974) nach Salem und Sterley. Mit dem Auto über A24, Abfahrt Zarrentin, dann Richtung Lüttow, Zarrentin, Groß Zecher. Der Platz liegt direkt an der Straße, kurz vor dem Abzweig Richtung Salem/Dargow.
GEÖFFNET: Anfang April bis Anfang Oktober (auf Anfrage länger).
AUSWEICHQUARTIER: Einige Kilometer weiter südlich, direkt am Schaalsee, wird herkömmlich gecampt: Bokop 14, 23883 Groß Zecher, 04545 789787 oder 0172 4150744, www.camping-schaalsee.de.

Schaalsee-Camp, Sterleyer Heide 2, An der Piperseebrücke, 23883 Sterley-Pipersee

 04501 412   www.kanu-center.de   @ info@kanu-center.de

NIEDERSACHSEN / **SPIEKEROOG**

Zeltplatz Spiekeroog 7

Man muss nicht viele Worte verlieren, wenn man auf dem Zeltplatz Spiekeroog ankommt. Die Rezeption ist in einem kleinen Kiosk untergebracht, der an Pippi Langstrumpfs Villa Kunterbunt erinnert: ein blaues Häuschen hinter gelb-blau-rotem Bretterzaun, und innen drin kommen sie mit dem Nötigsten aus. »Moin« zum Beispiel ist der karge Gruß der Spiekerooger – wie überall hier oben. Und man sollte gar nicht erst auf die Idee kommen, schief zu gucken, wenn sie nachmittags noch »Moin« sagen. Denn »Moin« ist dem Holländischen entlehnt und steht für »Moje Dach«, also: »Guten Tag!«. Sobald man also Guten Tag gewünscht hat, kann man auch schon fast sein Zelt aufbauen. Spiekeroogs Zeltplatz liegt knapp drei Kilometer abseits des Dorfkerns, hinter den Dünen. Vom eigenen Strand kann man bei Flut in die Nordsee springen oder bei Ebbe stundenlang hinausschauen über das spiegelnde Watt. Die Nonnengänse zetern, Austernfischer picken mit roten Schnäbeln, Mantelmöwen finden Delikatessen in den Weiten des Watts. Delikatessen für Camper lassen sich auf dem zentralen Grillplatz zubereiten, Spiel- und Bolzplatz helfen, die Zeit zu vertreiben, die aber ohnehin nie lang wird. Und es gibt nichts als Zelte, weil Autos auf Spiekeroog nicht zugelassen sind.

Daher also: Nicht viele Worte verlieren und loslegen. Lange Heringe helfen auf dem sandigen Boden. Und ein ordentliches Zelt hilft gegen den manchmal kräftigen Nordseewind. Moin, moin, Spiekeroog!

SONNENSEITE: Zelten mitten in den Dünen, ruhig, entspannt und einfach.
SCHATTENSEITE: Im Sommer meist ausgebucht. Und Spiekeroog ist autofrei – Bullis müssen leider draußen (drüben auf dem Festland) bleiben.
KOSTEN: Erwachsene 6 €, Kinder 4 €, Zelte 4–10 €.
KLO & CO.: Das Sanitärhaus ist einfach, es gibt keine Kochgelegenheit.
ESSEN & TRINKEN: Der Zeltplatz-Kiosk verkauft Kaffee, Gasflaschen und Frühstücksbrötchen.
STADTPROGRAMM: Nun ja, Spiekeroog?
LANDPARTIE: Der Dünenrundgang beginnt im Osten des Inseldorfes, ist 4 km lang und dauert 2,5 Stunden: quer durch Dünengärten und Inselwäldchen. Oder ihr sucht die Überbleibsel der Schiffswracks Verona und Moltke, irgendwo da draußen im Watt.
ABENTEUER: Mit dem Fischkutter »Gorch Fock« ins Watt – und zu Fuß zurück. Wattführer Carsten Heithecker macht's möglich (Lütt Slurpad 8, 26474 Spiekeroog, 04976 912070, C.Heithecker@watt-erleben.de).
GRILLFREI: Kultstatus hat die Strandbar Old Laramie – nachmittags Kaffee & Kuchen, abends Disko und mehr (Westend 5, 26474 Spiekeroog, 04976 318). Das Alte Inselhaus (Süderloog 4, 26474 Spiekeroog, 04976 473) verköstigt nach kleiner, rustikaler Karte.
HIN & HER: Die Fähren Spiekeroog I und II fahren tideabhängig ab Hafen Neuharlingersiel in 50 min auf die Insel. Zum Hafen gelangen Urlauber ab Oldenburg mit der Nordwest-Bahn, Umsteigen in Sande, dann Busfahrt ab Esens.
GEÖFFNET: 1. Mai bis 15. September.
AUSWEICHQUARTIER: Der Langeooger Zeltplatz mitten im Nationalpark ist der Jugendherberge angeschlossen, buchbar nur mit Vollverpflegung: Herbergseltern Ilka und Heinz Hohmann, 04972 276, langeoog@jugendherberge.de.

	Zeltplatz Spiekeroog, Noorderpad 25, 26474 Spiekeroog			
t	04976 9193226	w	www.spiekeroog.de/urlaub-buchen/zeltplatz.html	@	zeltplatz@spiekeroog.de

Alte Löweninsel

Wer heute auf der Alten Löweninsel sein Lager aufschlägt, der darf Rüstung, Schwert und Pferd getrost zu Hause lassen. Er muss sich nicht mehr sorgen, dass Grenzgemetzel mit dem Fürstbistum Verden oder dem Erzbistum Bremen das Wochenende verderben, nach dem Motto: »Eigentlich war Quality-Time mit Frau und Kindern geplant, aber dann musste ich doch in den Krieg ziehen.« Vor ein paar hundert Jahren hätte das durchaus passieren können. Damals hätte man hier aber auch nicht im Zelt übernachtet, sondern auf der Ritterburg.

Denn die Alte Löweninsel trägt ihren Namen nicht ohne Grund: Mitte des 14. Jahrhunderts erbaute der Herzog von Braunschweig und Lüneburg in Lauenbrück eine Wasserburg – der Ort und die Burg wurden »Lawenbrugge« genannt, und »Lawen« verwies auf das herzogliche Wappentier, den Löwen. Wie es sich gehört, umgab die Burg ein Graben mit Burgteich, die beide bis heute erhalten geblieben sind.

Wegen chronischer Geldnot musste der Herzog die Burg schon bald wieder verpfänden, so dass 1493 das Adelsgeschlecht der von Bothmers einzog und die Burg aus der Pfandschaft übernahm. Doch keine Burg kam ohne Pflichten: Mit fünf Pferden und ebenso vielen Rittern mussten die von Bothmers zusammen mit anderen Lehnsmännern künftig die Grenze des Herzogtums verteidigen. Das taten sie offenbar sehr erfolgreich. Denn zunächst wurden sie in den Reichsfreiherrenstand, später in den Reichsgrafenstand erhoben. Am Hofe König George I. von England diente Johann Caspar Graf von Bothmer gar als einflussreicher Minister.

Selbst den 30-jährigen Krieg überlebten die von Bothmers auf ihrer Löweninsel – wenn auch die Burg Schaden nahm und nur als festes Gutshaus wieder aufgebaut wurde. Erst der Blitz nahm ihnen schließlich das Zuhause: Er schlug 1775 ein und schaffte in letzter Konsequenz viel Platz für Zelturlauber. Denn die Burg brannte bis auf die Grundmauern nieder, und die von Bothmers bauten ihr neues Gut aus Platzmangel auf der anderen Seite des Burggrabens auf.

Zunächst wurde auf der Insel noch gegärtnert. Die Urgroßmutter des heutigen Besitzers Hans-Christian Graf von Bothmer verkaufte nach dem Zweiten Weltkrieg Obst und Pflanzen aus einem kleinen, roten Häuschen. Heute wird es als »Hexenhäuschen« an zeltmüde Besucher vermietet (der Name beschreibt hoffentlich nicht die verstorbene Urgroßmutter). Ansonsten wartet auf Zelte und Bullis eine unbebaute, grüne Insel: sehr eben, mit festem Rasen, über den sich jeder Hering freut. Ein überdachtes Freibad macht Schwimmer glücklich – sogar, wenn es draußen kalt ist. Die von Bothmers heizen das Wasser umweltfreundlich mit eigener Biogas-Anlage.

NIEDERSACHSEN / **LAUENBRÜCK**

Kleine Brückchen führen über den Burggraben ins wenig aufregende Lauenbrück und auf eine kleine Nachbarinsel, auf der in alten Tagen vielleicht eine kleine Vorburg stand – direkt am Heideflüsschen Fintau. Einen idyllischeren Platz für sein Zelt kann man in dieser Gegend nicht finden. Wenige Meter weiter mündet die Fintau in die Wümme, auf der man fantastisch paddeln kann. Und mit dem Fahrrad lässt sich von hier aus die Lüneburger Heide erobern.

An die alten Rittertage erinnert auf der Alten Löweninsel nur noch wenig – abgesehen davon, dass mancher Neuankömmling von den wenigen verbliebenen Dauercampern in Burgfräulein-Manier begutachtet und an die Platzregeln erinnert wird. Man spürt, dass hier vor Jahren noch deutlich mehr Gartenzwerg-Burgen aufgebaut waren – echtes Eroberungspotenzial für die Ritter des Cool Camping!

SONNENSEITE: Camping auf der grünen Burg-Insel – mit per Biogas beheiztem Schwimmbad.
SCHATTENSEITE: Die Dauercamper-Stammgäste sagen, wo's lang geht – sie betreuen den Check-in.
KOSTEN: 2 Personen mit kleinem Zelt und Fahrrad 10 €, 2 Personen mit Bulli 20 € – Duschen & Schwimmbad kostenlos, Hexenhäuschen ab 30 € pro Nacht.
KLO & CO.: Sauber und zweckmäßig.
ESSEN & TRINKEN: Auf dem Platz gibt's nichts. Der Campingplatz liegt am Ortsrand von Lauenbrück, wo Supermarkt und Bäckerei warten.
STADTPROGRAMM: Bremens Ostertorviertel (das »Viertel«, ca. 60 km) bietet Kneipen und Kunst (Kunsthalle und Theater am Goetheplatz nahebei); das ehemals besetzte »Kulturzentrum Lagerhaus« organisiert Konzerte, Ausstellungen.
LANDPARTIE: Der Campingplatz liegt an mehreren Radwanderwegen, unter anderem dem Lüneburger-Heide-Radweg und dem Wümme-Radweg. Radwander-Karten gibt's auf dem Campingplatz. Im »Landpark« Lauenbrück warten Esel auf junge Reiter – und die Einnahmen kommen einer Stiftung zugute, die Park und Tiere vor allem für Blinde erfahrbar machen will.
ABENTEUER: Felix, Joshi, Matti, Nico und Robby heißen die Esel, die »KanuEsel Tours« aus Vahlde (7 km) für kombinierte Ausflüge sattelt (Im Fuhrenkamp 14, 04265 954245, info@kanuesel.de). Kanu-Rutner vermietet Boote ohne Esel ab Lauenbrück (Schmiedeberg 37, 04267 1543, rutner@t-online.de).
GRILLFREI: Schnitzeljagd im Lauenbrücker Hof – so viele Schnitzel, wie man tragen kann (Bahnhofstraße 20, 04267 371, info@lauenbruecker-hof.de) oder italienisch im Portofino im Nachbardorf Fintel (Pferdemarkt 15, 04265 8359, Portofino-Fintel@t-online.de).
HIN & HER: Lauenbrück liegt in gleicher Entfernung zwischen Hamburg und Bremen an der B75. Zur A1 (Abfahrt Sittensen) sind's 14 km. Lauenbrück hat einen eigenen Bahnhof (knapp 2 km entfernt am anderen Dorfende), der Campingplatz liegt an der Straße Schmiedeberg, die von der Bahnhofstraße abzweigt.
GEÖFFNET: April bis September.
AUSWEICHQUARTIER: Der Gasthof »Waidmann's Ruh« bietet Camping auf der Obstwiese (ca. 15 km, Wensebrock 1, 27389 Brockel, 04266 2250, info@waidmanns-ruh.de).

Campingplatz Alte Löweninsel, Schmiedeberg 1, 27389 Lauenbrück

 04267 8238 (Reserv.) oder 01609 7622315 | w www.campingplatz-lauenbrueck.de | @ info@campingplatz-lauenbrueck.de

NIEDERSACHSEN / **GRÜNENDEICH**

Campingplatz Lühesand

Das Zelt in entlegener Einsamkeit aufzuschlagen, umspült von Wasser, kein Land weit und breit – das wäre wohl das ultimative Cool-Camping-Erlebnis. Und wenn das vor den Toren einer Großstadt zu haben ist - umso besser.

Auf Lühesand kommt man diesem Traum aufregend nah: Die Campinginsel ist nur per Fähre zu erreichen. Autos müssen am Ufer bleiben, und Bullis werden nur übergesetzt, wenn Besucher ein paar Tage bleiben. So fühlt man sich auf Lühesand ein wenig wie auf einer einsamen Insel, wenn man auch von »Einsamkeit« nicht wirklich sprechen kann: Hamburg liegt fast in Sichtweite. Und man hat die Insel nur selten für sich allein, weil seit Jahrzehnten die Camper nach Lühesand kommen. Manche gar mit Wohnwagen und Palisadenzaun – doch es gibt Platz, viel Platz für alle. Bis zu 500 Meter breit streckt sich Lühesand mehr als drei Kilometer lang in den Elbstrom. Die Südostspitze, ein Vogelschutzgebiet, gehört zu Hamburg, der Rest zu Niedersachsen.

Als Lühesand irgendwann im 19. Jahrhundert dort entstand, wo die Lühe in die Elbe fließt, da machte sie ihrem Namen alle Ehre: Vor allem sandig war das Eiland. Die ersten Ochsen, die man im Sommer übersetzte, fristeten ein hartes Dasein. Was wuchs, war hart, stachelig und mühsam zu kauen. Doch nach und nach wurde Lühesand grüner, und nicht nur die Ochsen begannen, Lühesand zu lieben. Auch Urlauber entdeckten die Insel für sich. Zuerst kamen sie mit Kanus und schlugen wild ihre Zelte auf. Doch je mehr Camper kamen, desto problematischer wurde das Zusammenleben von Mensch und Ochs. Denn das Rindvieh begann, die Zelte anzufressen. Und so musste irgendjemand Ordnung bringen in das wilde Leben auf Lühesand.

Dieser Jemand war Heinrich Blohm, der für die Gemeinde Grünendeich schon lange die Ochsen auf Lühesand betreute. Er begann in den 30er Jahren damit, aus der Wildnis einen Campingplatz zu formen. 1947 zog Blohm dazu mit seiner Familie ganz auf die Insel um und baute ein kleines Haus samt Camper-Gaststätte – das einzige Gebäude, das Sturmfluten überlebt hat. Auch die nächsten Generationen der Blohms blieben Lühesand treu. Und so erlebte Heinrichs Enkel Holger hier eine eher seltsame Jugend: Wenn er morgens zur Schule musste, setzte sein Vater ihn mit einem kleinen Boot über. Und wenn Holger nachmittags Freunde besuchen wollte, ging es wieder ins Boot. Im Winter, wenn Eis auf der Elbe ging, saß Holger manchmal tagelang fest auf Lühesand. Entweder man liebt es (wie Holger), oder man hasst es.

Es überrascht wohl niemanden, dass Holger die Liebe seines Lebens nicht auf dem Festland fand. Er warb um eine Camperin, und Petra blieb. Seitdem betreiben die beiden

NIEDERSACHSEN / **GRÜNENDEICH**

ihren Campingplatz gemeinsam. Ein riesiges, grünes Paradies, etwas verwunschen und verwachsen, ohne Stromanschluss und Parzellengrenzen, in dem jeder eine Heimat findet: der Dauercamper, der sich mit weißen Buchstaben am Holzhäuschen »Inselbaron« getauft hat, ebenso wie der Bullifahrer, der auf einer kleinen Wiese an der Elbe parkt – in Sichtweite der dicken Pötte.

Auf der anderen Seite der Insel, fern vom großen Strom am südlichen, schmalen Elbarm, wartet die Zeltwiese unter großen Bäumen. Hier liegt auch der kleine Anleger, an dem Gäste Lühesand zum ersten Mal betreten. Der Chef persönlich bringt sie auf die Insel.

Holgers kleines Boot »Smuttje« (Koch) transportiert ein gutes Dutzend Urlauber, während »Sottje« (Schornsteinfeger), die große Fähre, Wohnwagen und Bullis abholt. Und so ist Holger nach unserem Wissen der einzige deutsche Campingplatz-Chef, der zwei Fähren und ein Fährpatent besitzen muss. Wer Camperträume wahr macht, der braucht eben manchmal einen besonderen Führerschein zum Glück.

SONNENSEITE: Riesig, wild und autofrei – Camping auf der entlegenen Insel.
SCHATTENSEITE: Viele Mitbewohner – hier übersommern Dutzende Dauercamper.
KOSTEN: Kinder 2 €, Erwachsene 4 €, Zelte 3 €, Bullis 5 € (zzgl. 40 € für die Überfahrt nach und von Lühesand).
KLO & CO.: Ein gutes Stück zu Fuß entfernt – zweckmäßig, aber nicht modern.
ESSEN & TRINKEN: Im Gasthaus verkauft Familie Blohm Großportionen Bauernfrühstück, Suppe und selbstgebackenen Kuchen.
STADTPROGRAMM: Etwas aufwändig – Stade liegt eine Fähr- und Busfahrt entfernt: Dafür ist die Hansestadt am Ufer der Schwinge (ihr Name stammt von »Gestade« – Ufer) rund um den Hafen gepflastert mit schmucken Fachwerkhäusern.
LANDPARTIE: Der NABU bietet Führungen durch das abgesperrte Vogelschutzgebiet am Südostende Lühesands an, Ansprechpartner ist Rainer von Brook, 0171 8664608.
ABENTEUER: Zwei Bretter oder Wakeboard – in Neuhaus an der Oste (ca. 5 km) kann man übers Wasser laufen, dank Wasserski-Lift: 21785 Neuhaus/Ost, info@wasserski-neuhaus.de, 04752 1260.
GRILLFREI: Na ja – abends bleibt nur das Gasthaus der Blohms auf Lühesand. Wer zweimal Fähre fährt, schafft es für einen frühen Cocktail in den Wedeler Beachclub 28 Grad, direkt an der Elbe (Strandbad Wedel, Hakendamm 2, 22880 Wedel, 0163 1637888, info@28grad.com).
HIN & HER: Mit dem Zug bis Stade, dann Bus Nr. 2357 bis »Grünendeich, Fähre«. Mit dem Auto über die A1, Abfahrten Sittensen und Rade, oder A7, Abfahrten Heimfeld oder Waltershof, dann in Richtung Jork/Dollern. Autos müssen auf dem Parkplatz am Grünendeicher Kiosk abgestellt werden. Achtung: Bullis und Wohnmobile werden nur nach vorheriger Anmeldung übergesetzt – wenn Besucher ein paar Tage bleiben wollen.
GEÖFFNET: April bis Oktober.
AUSWEICHQUARTIER: Nesshof, Guderhandviertel (s. S. 53)

Campingplatz Lühesand, Sandhörn 6a, 21720 Grünendeich

| t | Insel: 04142 2775, Festland: 04142 1336 | | www.luehesand.de | @ | blohm.luehesand@gmx.de |

NIEDERSACHSEN / **GUDERHANDVIERTEL**

Nesshof 10

Spektakel erwartet niemand, der hier Urlaub macht: Der Nesshof ist ein kleiner, verschlafener Campingplatz mit Bauernhof-Anschluss im Alten Land südwestlich von Hamburg. Und doch verlieren Camper hier schon mal den Glauben an die Naturgesetze. Eingeborene, die den Deich der Lühe seit Langem bewohnen, berichten von aufgeregten Urlaubern aus dem Binnenland, die wild gestikulierend am Fluss auf und ab laufen. »Gestern Abend floss die Lühe noch in die eine Richtung, jetzt fließt sie in die andere.« Zu viel getrunken am Lagerfeuer? Oder gar ein Wunder?

Leider nein. Manche Urlauber haben nur noch nichts davon gehört, dass Ebbe und Flut auch die Flüsse im Alten Land bewegen. Wenn in der Nordsee das Wasser aufläuft, drückt sie ihr Wasser in die Elbe und von dort unter anderem in die Lühe. Das kleine Flüsschen schlängelt sich nicht nur hübsch durch die Obstwiesen westlich von Jork. Es hat auch eine wichtige Funktion für die Menschen hier. Denn lange Zeit war das Land zu feucht und das Elb-Hochwasser zu unberechenbar, um vom Ertrag der Felder zu leben und hier zu siedeln (schon gar nicht im Zelt!).

Erst im 12. Jahrhundert begannen dann holländische Siedler damit, das Marschland südlich der Elbe urbar zu machen. Sie bauten Deiche zum Hochwasser-Schutz, und sie hoben so genannte Wettern aus: Kanäle, die den Boden trockenlegten, weil sie das Wasser unter anderem in die Lühe leiteten. Langsam wurde das Alte Land fruchtbar (und fest genug für Heringe!), so fruchtbar, dass die Region heute eines der herausragenden Obstanbaugebiete Norddeutschlands ist.

Wer derart aufwändig sein Land bereitet, der muss belohnt werden: Die Siedler erhielten zusätzliche Rechte. Sie galten fortan als freie Bauern und durften ein Stück Land behalten. Ein solches Stück war auch der Nesshof, der vermutlich vor Jahrhunderten einem Landverwalter gehörte. Heute betreiben Martin und Martina Hollmichel hier einen Bioland-Hof. Nicht nur die Hühner laufen frei herum, sondern auch die Camper – wenn sie denn wollen.

Denn einige ziehen die konventionelle Campingwirtschaft vor. Sie bevölkern die Wiesen direkt am Lühedeich. Ihre Wohnwagen wurden schon lange nicht mehr bewegt, samt Vorzelt, Gartenzwerg und Namensschild – hier leben »Biene, Sven und Moni«. Zwischen den Camper-Käfigen ist noch ein wenig Platz für Zelte, aber vielversprechender sind die Obstwiesen, die ein paar Schritte von der Lühe entfernt liegen. Sie gehören ganz den Freunden der Freilandhaltung: Platz ohne Ende für Zelte, mit Blick über die schier endlosen Obstwiesen des Alten Lands.

Martina und Martin haben damit begonnen, ihren Campingplatz zu modernisieren. Der Sanitärblock wurde erweitert, und WLAN

NIEDERSACHSEN / **GUDERHANDVIERTEL**

soll bald auf dem gesamten Platz verfügbar sein. Die häufigsten Besucher sind momentan noch Radfahrer mittleren Alters, die die Obstblüte im Alten Land bewundern. Und Martin räumt freimütig ein, dass junge Zelturlauber sich eher selten auf dem Nesshof blicken lassen. Dabei sind die Zutaten genial für einen Wochenendtrip: Die nächste S-Bahn-Station mit direkter Verbindung zum Hamburger Hauptbahnhof liegt 4 km entfernt. Und der Lagerfeuer-Platz wartet auf Gitarre, Gesang und Stockbrot.

Der Nesshof ist sicher nicht der coolste Platz im Land, aber er hat viel Potenzial. Nicht nur, weil er aufgeregten Urlaubern alle sechs Stunden ein kleines Naturwunder bietet, wenn die Lühe plötzlich ihre Fließrichtung ändert. Manchmal reagieren die Ureinwohner einfach nicht, wenn Touristen sie mit aufgeregten Fragen bestürmen: Denn wer schweigt, der bewahrt den Mythos vom kleinen Wunderfluss im Alten Land, der seine Fließrichtung ändert, wie er will. Psst!

SONNENSEITE: Zelturlaub auf der Obstwiese im Alten Land – eine S-Bahn-Fahrt von Hamburg entfernt.
SCHATTENSEITE: Dauercamper-Dominanz – und das Publikum im Alten Land ist nicht das Jüngste. Rückeroberungspotenzial!
KOSTEN: Kinder 2,50 €, Erwachsene 4 €, Zelt 3 €, Stellplatz für Auto und Bulli 8 €, Strom 1,50 € plus 0,40 € pro kWh.
KLO & CO.: Gut in Schuss – gerade wurden Teile des Sanitärblocks in schicker Altländer Optik neu gebaut.
ESSEN & TRINKEN: Der Nesshof ist ein arbeitender Bioland-Betrieb und verkauft Eier, Biogemüse, Wein und Getränke. Der nächste Supermarkt ist 500 Meter entfernt.
STADTPROGRAMM: Stade liegt 14 Fahrradkilometer entfernt: In der alte Hansestadt legt auch das Flachbodenschiff »Tidenkieker« ab – zum

Besuch bei Röhricht, Reiher und Riesenpötten auf der Elbe. Nur 5 km dem Obstmarschenweg entlang liegt Jork, die Hauptstadt des Alten Landes.
LANDPARTIE: Wer auf dem Lühedeich in Richtung Elbe läuft, kommt bald zum Lüheanleger mit kleiner Pommes-Bude und grandiosem Blick auf Altes Land und Elbe. Zur Obstblüte im April/Mai braucht man sich gar nicht vom Platz zu bewegen – man ist mittendrin.
ABENTEUER: Ab Stade kann man auf der wunderschön geschwungenen Schwinge durch die Wiesen paddeln (Bootsverleih Am Alten Holzhafen, nahe Kreuzung Beim Salztor / Salztorswall, 0151 12376521 oder 04143 7421) – oder ab Hollenstedt auf der Este (Este-Boote Andreas Wilhelmi, Am Glockenberg 5, 21279 Hollenstedt, 04165 80003, wilhelmi@este-boote.de).
GRILLFREI: Die Nesshof-Crew empfiehlt das Gasthaus Op'n Diek (Dorfstraße 128,

04142 2354, kontakt@gasthaus-opndiek.de) und – etwas ambitionierter – das Hotel Windmüller in Steinkirchen (Kirchweg 3, 041 42 81980, info@hotel-windmueller.de).
HIN & HER: Wer mit dem Fahrrad kommt, kann ab S-Bahn-Stop Dollern (S 3, 50 min von Hamburg) 4 km zum Nesshof radeln. Ansonsten mit der S-Bahn bis Stade, dann Bus 2357 nach Mittelnkirchen. Mit dem Auto über die A1 (Abfahrt Sittensen) oder die A 7 (Abfahrt Moorburg oder Waltershof) in Richtung Altes Land.
GEÖFFNET: Ganzjährig.
AUSWEICHQUARTIER: Während der Obstblüte kann's voll werden auf dem Nesshof. 35 km entfernt liegt der konventionelle Campingplatz Krautsand (Elbinsel Krautsand 58, 21706 Drochtersen, 04143 1494, info@campingplatz-krautsand.de) – etwas näher ist per Fähre Lühesand erreichbar (s. S. 49).

Nesshof, Neßstraße 32, 21720 Guderhandviertel

| t | 04142 810 395 | w | www.nesshof.de | @ | camping@nesshof.de |

HAMBURG / **WITTENBERGEN**

Elbe-Camp [11]

Der Kapitän manches Ozeanriesen wird fluchen: Die Elbe-Mündung bei Brunsbüttel hat er lange hinter sich gelassen. In Sicht sind die Häuschen des Treppenviertels, die sich am steilen Blankeneser Elbhang drängen. In der Ferne ragen die Kräne des Hamburger Hafens empor. Links sieht er einen weiten, weißen Sandstrand, auf dem Hunde tollen und Kinder buddeln. Hier eine Pause zu machen, bevor die Ladung gelöscht wird, das wäre doch etwas. Pustekuchen: Genau hier mahnt ein riesiges Schifffahrtszeichen am Strand – »Ankerverbot«.

Schwarzer Anker, rot durchgestrichen – dieses Schild ist sicher der Grund dafür, dass nicht viel mehr Seeleute im Elbe-Camp ihre Heringe einschlagen. Denn hier wäre der ideale Platz für Kapitäne und Klabautermänner. Nachts tuckern sich die dicken Pötte in die Träume der Campingurlauber. Und tagsüber schippern sie zum Greifen nah am Sandstrand vorbei. Ein Paradies für Shipspotter. Und an der Rezeption hilft zu allem Überfluss noch ein netter junger Mann, den seine Eltern Boje genannt haben.

Im Elbe-Camp, eine halbe Autostunde westlich von Hamburg, schnuppert man beim Camping im Dünenidyll die große, weite Welt. Kleine Zelte ducken sich am Fluss unter Sträucher und Gebüsch. Wohnwagen und Bullis stehen etwas weiter weg vom Ufer unter den großen Bäumen, die am Fuße des Landschaftsschutzgebietes Falkenstein wachsen. Hier ist der Boden gerade noch fest genug – ein Luxus im Elbe-Camp. Ansonsten Dünensand überall – beim Einchecken gibt ein Flugblatt den Hinweis: »Festfahren außerhalb Ihres Stellplatzes kostet Geld.« Nur wer länger bleibt, der darf sein Schlafgefährt auf Rädern von einem Traktor auf den sandigen Traumplatz am Wasser schleppen lassen. Und so ziehen sich Treckerspuren über den Platz, insbesondere im östlichen Teil des Campingplatzes, wo sich einige Dauercamper mit Windschutz und Wimpel eingemauert haben.

Das Lieblingspublikum von Elbe-Camp-Chef Garip Yavuz sind jedoch Familien und Jugendliche. Denn das Elbe-Camp wird vom Hamburger Verein »Kinderschutz & Jugendwohlfahrt« betrieben. Camper sind hier automatisch Spender: Die Gebühren helfen, Jugendgruppen vor allem aus sozialen Brennpunkten Hamburgs ein Lagerfeuer-Wochenende im Zelt zu finanzieren. Auch sie haben ihre eigene Ecke auf dem Platz, mit Indianer-Tipi.

Die Lage des Elbe-Camps könnte schöner nicht sein: Der Hamburger Hafen und das Airbus-Werk in Finkenwerder sind weit genug entfernt, um die entspannte Ruhe nicht zu stören – aber nah genug, um einen fantastischen Ausblick zu garantieren.

Zudem sind die Camper in guter Gesellschaft: Die westlichen Vororte Hamburgs

HAMBURG / **WITTENBERGEN**

beherbergen traditionell die Reichen und Schönen der Stadt. Der Verleger Axel Springer hatte hier sein Domizil, versteckt in den dichten Bäumen am Falkenstein über dem Campingplatz. Um seine Privatsphäre zu schützen, kaufte er umliegende Grundstücke und Villen auf. Erst nach seinem Tod hinterließ er ein großes Stück von seinem Kuchen der Stadt: unter anderem eine baufällige Bauhaus-Villa, die später zum Puppenmuseum samt Galerie für zeitgenössische Kunst umgebaut wurde. Der Park trägt den Namen »Sven Simon«; es ist der Künstlername von Springers Sohn, der sich das Leben genommen hatte. Ein Spaziergang vom Campingplatz entfernt öffnet sich vom Park heute für jedermann ein fantastischer Blick über die Elbe bis ins Alte Land auf der Südseite des Flusses.

Das Elbe-Camp verspricht: Wir weisen niemanden ab, der abends an der Rezeption steht. Eine Reservierung per Internet wird jedoch empfohlen. Und: Lassen Sie Ihr Schiff zu Hause. Vor Anker gehen darf man im Elbe-Camp leider nur im übertragenen Sinn.

SONNENSEITE: Mit Ozeanriesen am Lagerfeuer (in Feuerschalen) – Camping direkt am Elbstrand.
SCHATTENSEITE: Viel (zu viel) Sand – Dünen eben.
KOSTEN: Zelt 6,30 €, Bulli 12,60 €, Erwachsene 6,30 €, Kinder (und Hunde) 3 €.
KLO & CO.: Für die Dame rosa, für den Herren hellblau gestrichen. Alt, aber sauber. Nur vier Duschen pro Geschlecht. Bald soll neu gebaut werden.
ESSEN & TRINKEN: Das Camper-Café Lüküs kocht nicht nur Bio, sondern auch Pommes Schranke, danach Fairtrade-Kaffee oder tschechisches Fassbier. Morgens Frühstücksbuffet. Stadtprogramm: Hamburg ist nur eine halbe Stunde entfernt – Kunst (Deichtorhallen), Krempel (samstags Flohmarkt an der Alte Rinderschlachthalle) und Kröten (Hagenbeck's Tierpark)!
LANDPARTIE: Der Elbe-Radweg (Europäischer Fernradwanderweg R 1) läuft am Elbe-Camp vorbei. Oder ab Anleger »Wittenbergen-Strand« (am Leuchtturm) mit der Fähre nach Stadersand oder zur Schiffsbegrüßungsanlage nach Schulau (Wedel).
ABENTEUER: Mit echten Baggern Löcher buddeln auf dem WIWA Baggerplatz auf der Veddel (samstags und sonntags, 040 890585-0, www.baggerplatz.de).
GRILLFREI: Das Weiße Haus in Övelgönne (Elbe Richtung Hamburg) – erfunden von Fernsehkoch Tim Mälzer. Heute kocht Patrick Voeltz mit Blick auf die Elbe. Hauptgang mittags ab 8.50 € (Senfeier auf Kartoffelpüree!).
HIN & HER: Mit dem Auto von der A7, Abfahrt Bahrenfeld. Richtung Blankenese, über Sülldorfer Brooksweg / Wittenbergener Weg, den Schildern Wittenbergen / Elbe-Camp folgen – viele Navis zeigen den falschen Weg! ÖPNV: Vom Hauptbahnhof S1/S11 Richtung Blankenese (25 min), dann Bus 189 Richtung S-Wedel – Haltestelle Tinsdaler Kirchenweg, zu Fuß den Wittenbergener Weg runter, links halten bis Falkensteiner Ufer (10 min).
GEÖFFNET: April bis Oktober.
AUSWEICHQUARTIER: Hamburgs Campingplätze Buchholz oder Schnelsen – autobahnnah und gar nicht cool. Nur im Notfall!

Elbe-Camp, Falkensteiner Ufer 101, 22587 Hamburg

t 040 812949　　w www.elbecamp.de　　@ info@elbecamp.de

Camping Land an der Elbe

Wie sähe es wohl aus, das Märchenland für Camper, das Paradies der Zelturlauber? Vielleicht so: Große, alte Bäume spenden rund um die Uhr Schatten, lassen aber genügend Sonnenstrahlen durchblitzen. Der Rasenboden freut sich über jeden neuen Hering. Sein Zelt darf jeder aufschlagen, wo er möchte: keine Parzellen, keine Hecken, keine geteerten Stellflächen. Ein breiter, mächtiger Fluss begrenzt den Platz zur einen Seite, ein Deich zur anderen – keine Straße weit und breit. Vielleicht steht am Ufer gegenüber eine Mühle, hinter der die Sonne am Abend im Marschland versinkt. Und es gibt Erdbeerkuchen mit Sahne, so viel man will.

Wie hieße wohl ein solches Märchenland? Vielleicht hieße es »Campingland«. Gibt es nicht? Doch, gibt es. 25 Kilometer südöstlich von Hamburg, im kleinen Örtchen Stove an der Elbe, liegt der Campingplatz der Familie Land, angemessen »Camping Land« getauft. So atemberaubend schön ist es hier, dass schon seit der Bronzezeit Menschen ihre Zelte aufschlagen (statt Nylon und Polyester benutzten sie allerdings Holz und Laub, und nur die wenigsten kamen im Bulli).

Stove wurde vor fast 1000 Jahren erstmals urkundlich erwähnt. Der Weiher gehörte zum Kirchspiel Bergedorf auf der anderen Elbseite: Der mächtige Strom war also kein trennendes Hindernis. Die Menschen lebten vielmehr mit ihm und um ihn herum, die Elbe pulsierte gleich einer Lebensader – und sie tut es bis heute. Nicht weit vom Campingplatz fährt noch immer die älteste Elbfähre überhaupt: Seit 1252 schippert ein Familienunternehmen Menschen, Tiere und Gefährte von Hoopte nach Zollenspieker und zurück.

Stove wurde nach dem Zweiten Weltkrieg zum Wannsee der Hamburger: Ein Schiff brachte die Kurzurlauber aus der Stadt stromaufwärts ins Marschland. Und die Elbwiesen füllten sich mit Campern. Damals nahmen Hans und Henni Land all ihren Mut zusammen. Sie machten sich selbständig und gründeten 1960 ihren Campingplatz. Töchterchen Meike wuchs zwischen Zeltplane und Wohnwagen auf und konnte sich folglich wohl kaum etwas anderes vorstellen, als ihr Leben hier zu verbringen.

Heute ist Meike die Königin im Camping Land, und sie regiert zusammen mit König Christian, den sie ehelichte. Die zwei üben ihre Regentschaft freundlich und zurückhaltend aus. Meike backt fürs Campingvolk (ihre Torten sind unschlagbar). Christian erträgt derweil den Wochenendansturm von Hamburgern und anderen Stadtflüchtigen mit der Gelassenheit eines St.-Pauli-Fans. Nur selten wird er mit einem T-Shirt gesichtet, das nicht seinem Lieblingsclub gewidmet ist. Und wer Höhen, Tiefen und Abstiege wegstecken kann, den haut auch keine Frage campender Großstädter mehr um.

NIEDERSACHSEN / **STOVE**

Die Lands haben ein schmuckes Familienunternehmen gegründet, das jedem gerecht wird: Dauercamper haben hinter dem Deich ihr Domizil, das sie auch im Winter nicht räumen müssen. Vor dem Deich, in angemessenem Abstand, finden Zelt- und Bulliurlauber ihre Heimat direkt am Fluss, aber nur von April bis Oktober: Denn im Winterhalbjahr überflutet die Elbe die Wiesen gelegentlich. Im Sommer fällt das Flussbett dafür bei Ebbe zur Hälfte trocken, so dass Jung-Bauingenieure mit Eimer und Schippe eine riesige Sandbank mit Burgen bebauen können.

Bei den Lands zeltet ihr in der ersten Reihe. Und ihr könnt sogar standesgemäß anreisen, so wie damals nach dem Zweiten Weltkrieg: Einmal im Monat fährt das Motorschiff »Käpt'n Kuddl« von den Hamburger Landungsbrücken nach Stove.

SONNENSEITE: Keine Dauercamper auf der Zeltwiese – die müssen hinter dem Deich bleiben.
SCHATTENSEITE: Manchmal laute Nachbarn auf dem Campingplatz nebenan.
KOSTEN: Bulli 7 €, Zelt 5 €, Erwachsene 6 €, Kinder 4 €, Duschen 1 €.
KLO & CO.: Vor dem Deich gibt's nur ein kleines, stilles Örtchen. Zum großen, neuen Waschhaus (tiptop!) muss man über den Deich kraxeln.
ESSEN & TRINKEN: Morgens frisch gebackene Brötchen, abends Bockwurst mit Brot, und am Wochenende backt Meike Land sensationelle Torten.
STADTPROGRAMM: »Mons, Pons, Fons« (mittelalterlich für Berg, Brücke, Quelle) in Lüneburg. Der Kalkberg nahe der Altstadt, die vielen Brücken im Wasserviertel entlang der Ilmenau und die Saline. Hamburgs kleiner Bruder in der Hanse ist nur eine Viertelstunde im Auto entfernt.
LANDPARTIE: Mit dem Fahrrad entlang der Elbe bis ins Wendland – mit zweifelhaften Sehenswürdigkeiten unterwegs: das Atomkraftwerk Krümmel liegt 3 km vom Campingplatz entfernt. Ganz nah: Europas größte Fischtreppe bei Geesthacht, durch die Wanderfische trotz Schleuse stromaufwärts in ihre Laichgebiete kommen.
ABENTEUER: Klettern wie ein Affe im HOGA Hochseilgarten Geesthacht. Beim Monkey Trail hängt man kopfüber vom Baum an Kletterwandgriffen (Elbuferstraße, 04152 907772).
GRILLFREI: Kochkurs oder á la carte in der Genusshandwerkerei Harms (Schwinder Straße 3, 21423 Drage-Schwinde, 04176 229) oder Jakobsmuscheln und Rindercarpaccio im Tafeltraum (Laßrönner Weg 99, Winsen/Luhe, 04171 5546-55/56).
HIN & HER: Mit dem Auto von Hamburg über die A25 Richtung Geesthacht, dann B404, Elbuferstraße Richtung Stove. Am Ortsausgang den Schildern folgen. Camping Land ist der erste Platz links. ÖPNV: S21 ab Hamburg Hbf, Richtung Aumühle bis Bergedorf, dann Bus über »Rönne, Brücke« nach Stove, »Im Siek«.
GEÖFFNET: April bis Oktober.
AUSWEICHQUARTIER: Camping Stover Strand, gleich nebenan, viel größer, etwas lauter, lange nicht so schön (Stover Strand 10, 21423 Drage, 04177 430, info@stover-strand.de).

Camping Land an der Elbe, Stover Strand 7, 21423 Drage

t 04176 327   w www.camping-land-online.de   info@camping-land-online.de

NIEDERSACHSEN / **UELZEN**

Uhlenköper [13]

Es sagt schon einiges über den Uelzener Ureinwohner aus, dass er sich gern selbst auf die Schippe nimmt. Und so handelt die Sage, die dem Wahrzeichen der Stadt und dem Campingplatz ihren Namen gab, von einer Niederlage.

Es trug sich nämlich zu, dass ein gewitzter Bauer vom Land in die Stadt Uelzen kam. Über der Schulter trug er einen Sack, in dem irgendetwas zappelte. Ein neugieriger Uelzener Kaufmann fragte ihn, was er da anzubieten habe. Der Bauer antwortete: »Baarftgaans« (also »Barfußgeher« auf Plattdeutsch). Der Händler hörte jedoch nicht ordentlich zu (scheinbar ein Problem dieses Berufsstandes) und verstand »Barkhahns«, also Birkhähne. Er zahlte dem Bauern einen stattlichen Preis, ohne je in den Sack zu schauen.

Zu Hause wollte er seiner Frau dann stolz die Birkhähne zeigen. Doch als er den Sack öffnete, flatterten drei Eulen heraus. Im Haus des Kaufmanns richteten sie allerlei Schäden an, und der erzürnte Kaufmann verklagte den Bauern. Dieser jedoch verteidigte sich vor Gericht: Er habe eindeutig »Baarftgaans« verkauft, und die Tatsache, dass Eulen barfuß gingen, könne man ihm nicht abstreiten. Den Richter amüsierte der bauernschlaue Angeklagte, und er sprach ihn frei. Daher heißen die Uelzener bis heute »Uhlenköper«, also Eulenkäufer.

Solche Eulenkäufer sind auch eure Gastgeber auf dem Campingplatz der Stadt: nette, entspannte Leute, die die Natur lieben und von ihrem Platz allerlei Wanderungen und Kanutouren anbieten. Auf dem Campingplatz selbst versuchen sie, möglichst umweltfreundlich zu wirtschaften. Lebensmittel werden nur verkauft, wenn sie aus regionalem ökologischen Anbau stammen. Der Strom kommt zwar aus der Steckdose, aber nicht vom Atomkraftwerk. Und Solaranlagen helfen, das Wasser warm zu machen.

Das Schmuckstück des Campingplatzes ist ein Naturschwimmbad, neu und clever angelegt. Eine Kreuzung aus Badesee und Freibad: Denn in Teilen ist durchaus ein hellblaues Schwimmbecken zu erkennen. Statt Ablaufrinnen und chemischer Reinigung stehen jedoch Uferpflanzen im Freibad, die zusammen mit einem Bodenfilter aus Kieseln und Erde das Wasser reinigen.

Radler und Zelturlauber können direkt am Freibad ihre Heringe einschlagen oder ein kleines Tipi beziehen. Für Dauercamper gibt es einen zweiten Bereich, für Familienzelte und Autos einen dritten. Und so hat jeder seine Nische auf dem großen Areal, das mit Hecken unterteilt ist und so trotz der Größe einigermaßen übersichtlich und gemütlich wirkt.

Uelzen selbst raubt Urlaubern nicht den Atem. Aber die Umgebung bietet viel, von der Lüneburger Heide über das nahe Hamburg (40 min Zugfahrt) bis zur Hansestadt Lüneburg. Einmal aber sollte man sich schon

NIEDERSACHSEN / **UELZEN**

ins Uelzener Zentrum aufmachen: Denn eine Bronzestatue an der Marienkirche erinnert an die Sage vom Uhlenköper. Wer seine Münze an der Statue reibt und gleichzeitig mit seinem Kleingeld in der Hosentasche klimpert, der soll angeblich immer genug Geld haben. Und er könnte dann in aller Ruhe jeden Platz in diesem Buch ausprobieren. Cool Camping forever.

SONNENSEITE: Die Zeltwiese am Naturschwimmbad – autofrei und grün.
SCHATTENSEITE: Das Publikum ist gemischt – der Platz kommt ein wenig altbacken daher.
KOSTEN: Erwachsene 5–6 €, Kinder 2–3 €, Zelt und Bulli 6,50–8 €, Strom 1,50 € plus 0,60 € pro kWh.
KLO & CO.: Gut in Schuss – die warme Dusche ist im Preis enthalten. Es gibt Einzelwaschkabinen, Familienbad, Waschmaschine und Trockner.
ESSEN & TRINKEN: Die Rezeption ist fast ein vollwertiger Bioladen – großartig. Die Gaststätte, beheizt von einem Bullerjan-Ofen, macht Frühstück und abends warmes Essen.
STADTPROGRAMM: Friedensreich Hundertwasser hat den Uelzener Bahnhof bunt und rund umgestaltet. Außerdem bietet die Stadt viele mittelalterliche Kirchen. Die Hansestadt Lüneburg mit ihrem historischen Zentrum ist nur 30 km entfernt.
LANDPARTIE: In der Lüneburger Heide blühen im August und September die Wiesen violett. Ab Uelzen gibt es unzählige Wanderwege.
ABENTEUER: Das Uhlenköper-Camp veranstaltet Kanutouren auf der Ilmenau, auch über Nacht.
GRILLFREI: Der Bauckhof ist über Uelzen hinaus für seine Bioprodukte bekannt – von Eiern und Mehl bis Wurst und Käse kann man im Hofladen alles kaufen, auch für ein prima Picknick (29525 Uelzen Klein-Süstedt, Zum Gerdautal 2, 0581 90160, www.bauckhof.de).
HIN & HER: Am Bahnhof Uelzen mit dem Bus 1973 Richtung Weinbergstr./Ebstorf, bis Haltestelle Westerweyhe/Bahnhof. Von dort ca. 500 Meter zu Fuß. Mit dem Auto über die B4. In Kirchweye in Richtung Westerweyhe abbiegen, dort links in den Festplatzweg.
GEÖFFNET: Ganzjährig.
AUSWEICHQUARTIER: Nahebei liegt der konventionelle Campingplatz am Waldbad in Ebstorf (Hans-Rasch-Weg, 29574 Ebstorf, 05822 3251 oder 0170 3220559, info@caw-e.de). Bei Lüneburg liegt der Campingplatz Rote Schleuse direkt an der Ilmenau (Rote Schleuse 4, 21335 Lüneburg, 04131 791500, www.camproteschleuse.de).

Uhlenköper-Camp, Festplatzweg 11, 29525 Uelzen

| t | 0581 730 44 | w | www.uhlenkoeper-camp.de | | info@uhlenkoeper-camp.de |

Bauwagenurlaub im Wendland

Das Wörtchen »Geheimtipp« ist ein Widerspruch in sich. Denn sobald man es liest oder ausspricht, hält es schon nicht mehr, was es verspricht – »geheim« ist nichts, was geschrieben steht. Und so ist das kleine Urlaubsidyll im Wendland wohl von heute an leider kein Geheimtipp mehr, Cool Camping sei Dank. Wir verfügen hiermit jedoch eine Regel zum Schutz früherer Geheimtipps: Geht pfleglich mit dem Kleinod um und beschränkt eure Anfragen und Bedürfnisse.

Denn es stehen gerade einmal zwei Bauwagen im herrlich grünen Obstgarten von Herbert Neddens. Diese hat der rüstige Rentner seiner Tochter zu verdanken, »und erst war ich eigentlich nicht so begeistert«, murmelt er norddeutsch-nüchtern. Die Sozialpädagogin hatte jedoch eine fixe Idee: Sie wollte zu Hause im Wendland einen Platz schaffen, der Gäste beherbergen kann. Und so kaufte sie einen großen, alten Bauwagen und baute ihn um, zusammen mit Papa Herbert.

Herausgekommen ist ein Ferienhäuschen auf Rädern, mit Dusche und Toilette, einer Küche mit Herd und Mikrowelle, einem großen Bett und viel Platz zum Leben, wenn es draußen regnet – geschmackvoll und selbstgemacht. Wenn es nicht regnet, wird es Urlauber dagegen kaum im Wagen halten. Denn die Umgebung ist atemberaubend schön: Satemin ist das größte Rundlingsdorf im Wendland – mit ursprünglich zwölf »Hufen«, wie sie hier sagen. Eine solche Hufe beschrieb früher einen Hof, so groß, dass er mit einem Pflug bestellt werden konnte – 30 Morgen, irgendwo zwischen 6 und 18 Hektar.

Satemins Hufen hatten es schwer – eine Geschichte voller Entbehrung und Tragik. Ursprünglich stand 500 Meter weiter die Siedlung »Klein Satemin«. Weil sie jedoch im Moor versank, bauten die Bewohner ein neues Dörfchen – dort, wo heute noch alte Höfe am weiten, schattigen Dorfplatz stehen: große Vierständerhäuser, in rotem oder weißem Fachwerk, mit Spruchbalken über »De Groote Dör«, der großen Tür. Jeder dieser Balken erzählt dieselbe Geschichte in anderen Worten: »Betrübt sah'n wir die Flammen wüten, die unser vor'ges Haus zerstört.« 1850 brannte das neu erbaute Satemin vollständig nieder. Die Bewohner waren gerade zur Ernte auf dem Feld, als sich Fett aus einem Stück Speck entzündete, das über einer Feuerstelle zum Auslassen hing. Sofort griff das Feuer von einem Strohdach aufs andere über. Die Sateminer waren binnen Stunden obdachlos.

Glücklicherweise war im Hannoverschen bereits die Pflichtbrandkasse eingeführt. Sofort gab es Geld für den Wiederaufbau, und der König von Hannover beorderte alle Handwerker der Region nach Satemin. In beispielloser Gemeinschaftsarbeit schufen sie, was bis heute Bestand hat – eines der schönsten Dörfer des Wendlandes.

NIEDERSACHSEN / **SATEMIN**

Bauwagen-Bauerin Astrid freut sich über die riesige Nachfrage für ihr Feriendomizil, auch von kleinen Familien. Daher haben die Neddens im zweiten, kleineren Bauwagen ein Doppelstockbett aufgebaut. Beide Wagen verbindet ein hübsches Holzpodest, darüber ist ein Sonnensegel gespannt. Insgesamt vier Urlauber finden eine Heimat auf Zeit – zwei Steppkes können im kleinen Wagen schlafen, wenn Mama und Papa nebenan ihre Ruhe haben wollen. Auch ein paar Zelte würde Herbert Neddens noch auf seine Wiese lassen – die Bewohner müssten allerdings ohne Dusche und mit Chemieklo auskommen.

Wer also seine Bedürfnisse beschränkt, der kann hier glücklich werden. Und vielleicht darf er sogar wiederkommen. Kein Geheimtipp mehr – aber verdammt dicht dran.

SONNENSEITE: Einsam und wunderschön – ein Urlaubsidyll.
SCHATTENSEITE: Es gibt nur zwei Bauwagen und wenig Platz für Zelte – also früh buchen!
KOSTEN: 30 € für den großen Bauwagen (4 Personen), 40 € für beide (4 + 2 Personen), zzgl. 20 € Endreinigung und Strom. Zelturlaub ab 10 €.
KLO & CO.: Beides im großen Bauwagen – für reine Zelturlauber gibt's nur ein Chemieklo, keine Dusche.
ESSEN & TRINKEN: Abgesehen von den Apfel- und Birnbäumen im Garten gibt es nichts – alles mitbringen! Die nächsten Supermärkte liegen in Lüchow (4 km) und Wustrow (6 km).
STADTPROGRAMM: Salzwedel in der Altmark liegt 20 km südlich in Sachsen-Anhalt. Weil die Stadt an einer alten Salzstraße gegründet wurde, war sie sogar Mitglied der Hanse. Vom früheren Reichtum sind bis heute Fachwerkhäuser, Stadttore und Kirchen geblieben. Aber Vorsicht beim Parken mit auswärtigem Kennzeichen – die Salzwedeler Stadtverwaltung ist pingelig.
LANDPARTIE: Satemin liegt am Wendenstieg, dem südlichen Teil des Wendland-Rundweges für Fahrradfahrer und Wanderer – eine fantastische Tour durch Heide und Rundlingsdörfer, vorbei an Kranichbrutplätzen, zum Teil auf Napoleons Pfaden.
ABENTEUER: Wracktauchen im Arendsee (34 km). Das kleine Örtchen gleichen Namens hat 2006 ein Boot versenkt (mit EU-Förderung!), damit es künftig eine Touristenattraktion hat. Ausfahrt mit Tauchgang ca. 15 € (Tourist-Info Arendsee, 039384 27164, info@luftkurort-arendsee.de).
GRILLFREI: Im »Markthof Satemin« (Nr. 25 am Dorfplatz, 05841 709230, markthof@satemin.de) isst man auf der »Groten Deel«, der Diele, zwischen Viehtrögen, Stalltüren, Fachwerkwänden und allerlei Bauerngerät, mit Blick auf den Dorfplatz. Serviert werden Kartoffelpuffer, Mettwurstbrot und Strammer Max.
HIN & HER: Aus Süden A7, Abfahrt Soltau-Ost, über Uelzen, Küsten, Gühlitz nach Satemin. Aus Norden A250 bis Lüneburg, dann über Dannenberg, Tripkau, Lüchow und Gühlitz nach Satemin. Der nächste Bahnhof ist in Salzwedel, der Bus fährt bis Lüchow.
GEÖFFNET: Ganzjährig.
AUSWEICHQUARTIER: Notfalls auf dem Campingplatz Fuhrenkamp (Am Fuhrenkamp 1, 29468 Bergen an der Dumme, 05845 348, post@campingplatz-fuhrenkamp.de).

Astrid Neddens, Satemin Nr. 8, 29439 Lüchow (Wendland)

| t | 0176 96492854 (eher abends) | w | www.bauwagenurlaub-im-wendland.de | | astrid.neddens@web.de |

Ehrlingshof [15]

Wie sähe es wohl aus, das bürgerliche Leben von »Q« – dem ursprünglich etwas älteren, verschmitzten Erfinder aus den James-Bond-Filmen? Hinter welcher Fassade würde er werkeln, um für 007 tödliche Tintenfüller, mordende Manschettenknöpfe und hinterhältige Halstücher zu entwickeln? Der Ehrlingshof in Rehden könnte eine derartige Tarnung sein. Denn dass Hartmut Buschmeyer wirklich nur einen Campingplatz betreibt, das nimmt ihm niemand ab. »Offiziell bin ich Landwirt«, grinst er in seiner blauen Arbeitslatzhose.

Seit 1560 existiert der Ehrlingshof, 1970 machten Hartmuts Eltern ihn zum Campingplatz, um sich neben der Landwirtschaft ein zweites Standbein zuzulegen. Zwischen zwei großen Fachwerk-Bauernhäusern liegen heute kleine Ferienhäuschen und ein schöner Campingplatz, schattig unter Laub- und Nadelbäumen, mit Platz für ein gutes Dutzend Urlauber. Auf den ersten Blick ein kleiner, herkömmlicher Platz, aber nur auf den ersten Blick.

Denn der Mann, der auf dem Aufsitzrasenmäher über die Wiesen prescht, hat es in sich. Hartmut ist gelernter Fernsehtechniker. Und er wird gute Gründe haben, Urlauber nicht auf seinem Mäher fahren zu lassen (ein eisernes Gesetz, wie er betont). Vielleicht sorgt er sich, dass Amateure aus Versehen den Raketenantrieb auslösen könnten?

Ansonsten ist auf dem Ehrlingshof nichts verboten. Auf Kinder warten seltsame Gefährte: Kettcars, die zwei Sitze mit Pedalen haben, Rücken an Rücken. Der stärkere Fahrer entscheidet, wo's lang geht – eine von Hartmuts Spezialentwicklungen, mit der James Bond vermutlich weniger anfangen könnte. Eine alte, blaue Telefonzelle steht irgendwo auf der Wiese – eine geheime Kommandozentrale? Ein Mini-Schwimmbad wartet in einem der roten Häuschen auf Besucher. Und das Waschhaus hat Hartmut gerade selbst renoviert und ausgebaut. Wer es betritt, löst per Bewegungsmelder Licht und noch etwas mehr aus, damit sich unter der Dusche niemand einsam fühlt.

Spätestens, wenn Hartmuts Ehefrau Anette die großen Türen zum Bauernhaus öffnet, stockt Besuchern jedoch der Atem. Fein herausgeputzt stehen hier alte Traktoren. Ein »David Brown« von 1939, den Hartmut unbesehen aus England heranschaffen ließ. Ein Glühkopf- und ein Lanz-Bulldog von 1938. Alle fahrtüchtig, nur verschweigt Hartmut, ob sie auch fliegen oder unter Wasser fahren können. Sonst würde ja seine Deckung auffliegen. Wäre es nicht verboten, Hartmut würde vermutlich sogar einen kleinen Piraten-Radiosender auf seinem Grundstück betreiben. Schließlich braucht der kreative Kopf Jazz-Musik, wenn er in einer entlegenen Ecke des Ehrlingshofs an neuen Erfindungen tüftelt.

NIEDERSACHSEN / **REHDEN**

Es macht Spaß, Hartmut und Anette kennenzulernen. Aber auch die übrigen Bewohner des Ehrlingshofs sind ausgesprochen urlauberfreundlich: die Pferde Anja und Manni, die dicken Schweine Anneliese und Frieda. Und die unzähligen Schafe, Katzen, Hühner und Hasen. Regelmäßig nimmt Anette Camper-Kinder mit zur Fütterung – langweilig wird es nie.

Nur eines darf man nicht auf dem Ehrlingshof – Hartmut zu erkennen geben, dass man seine Tarnung vielleicht durchschaut hat. Es wäre einfach zu schade, würde er bei Nacht und Nebel seine Frau und seine Erfindungen auf den Aufsitzrasenmäher laden, um zu verschwinden. Denn als Heimat für Zelt und Bulli eignet sich die Fassade von »Camping-Q« ganz hervorragend.

SONNENSEITE: Liebevoll gehegt und gepflegt werden Campingplatz und Gäste.
SCHATTENSEITE: Vielleicht ist Diepholz nicht das spannendste aller Urlaubsziele.
KOSTEN: Erwachsene 4 €, Kinder 2 €, Zelt 3 €, Bulli 6 €, Strom 2 €.
KLO & CO.: Hartmut hat ein feines Waschhaus gebaut, hell und sauber, inklusive kleiner Musikanlage.
ESSEN & TRINKEN: Zum Frühstück können Camper Brötchen bestellen. Der nächste Supermarkt ist 2 km entfernt in Rehden.
STADTPROGRAMM: Osnabrück (70 km), Bremen (90 km) und Oldenburg (80 km) liegen in Tagesausflugsweite – und Oldenburg galt lange als die Stadt mit der höchsten Lebensqualität in Deutschland dank der ersten flächendeckenden Fußgängerzone. Kein Geheimnis, dass Bremer zum Shoppen nach Oldenburg fahren ...
LANDPARTIE: Zum hübschen Dümmer (25 km) kann man radeln – Badestrände gibt's in Hüde und Lembruch, wo auch mehrere Surfschulen Material vermieten.
ABENTEUER: Das »Universum Bremen« (Wiener Str. 1a, 28359 Bremen, 0421 3346-0, info@universum-bremen.de) macht Wissenschaft zum Abenteuer – unter anderem wird im 27 m hohen Turm der Lüfte mit Wind und Wetter experimentiert.
GRILLFREI: Herren-, Damen-, Pfunds- und unzählige andere Schnitzel brät das Gasthaus Recker in Wetschen (2 km entfernt im Nachbardorf, Diepholzer Str. 81, 49453 Wetschen, 05446 206262, info@gasthaus-recker.de). Im Speukenkieker (ca. 20 km, Moororter Str. 21, 32369 Rahden, 05776 1205, kontakt@speukenkieker.de) kann man wählen, ob man im Ruderboot, in der Knastzelle, am Tropenstrand oder sonst wo speisen möchte.
HIN & HER: Vom Bahnhof Diepholz mit dem Bus 137 in Richtung Rehden. Mit dem Auto über die A1, Abfahrt Holdorf, dann immer der B214 folgen. An Diepholz vorbei. In Rehden rechts ab in die Schmiedestraße, dann links »Wähaus Ehrling«. Achtung – Navis zeigen den falschen Weg zum verschlossenen Hintereingang.
GEÖFFNET: April bis Oktober.
AUSWEICHQUARTIER: Der Campingplatz Leckermeyer-Hannker in Hüde ist einer der Beschaulicheren am Dümmer (Ludwig-Gefe-Str. 24, 49448 Hüde, 05443 8869, info@camping-am-duemmer.de).

Ehrlingshof, Anette & Hartmut Buschmeyer, Wähaus-Ehrling 41, 49453 Rehden

| t | 05446 - 610 | w | www.ehrlingshof.de | @ | buschmeyer@ehrlingshof.de |

NIEDERSACHSEN / **USLAR-SCHÖNHAGEN**

Baumhaushotel Solling

16

Wer morgens durch die dichten Bäume im südlichen Solling streift, der sieht in hungrige Gesichter. Sie gehören Menschen, die auf schmalen Holztreppchen sitzen, vor kleinen Baumhäusern, die sich am Waldrand hoch in den Wipfeln verstecken. Manchmal werden die Häuschen von Stahlseilen gehalten, manchmal von Holzpfählen gestützt. Drei Jungs zum Beispiel, noch im Schlafanzug, nebeneinander gedrängt auf einer Stufe, oder eine junge Frau, noch ohne jede Frisur – »mein Kerl liegt noch im Bett«, sagt sie und zeigt auf das Baumhaus hinter ihr. Sie alle warten auf einen ganz besonderen Service. Denn im Baumhaushotel Solling wird das Frühstück an die Tür gebracht. Danach lockt ein Schmaus in luftiger Höhe, mit fantastischem Blick in Baumwipfel oder Wiesen.

Ein Traum im Wald – der einem Traum entsprungen ist: Drei Männer wünschten sich seit Langem, gemeinsam Baumhäuser zu bauen. Die Brüder Jörg und Stefan Brill kennen Detlef Reimelt schon aus Kindertagen. Gemeinsam bauten sie Buden im Wald – wie Jungs das so machen. Die Freundschaft hat bis heute gehalten. Und der Baudrang auch. Als sie – längst erwachsen – im Fernsehen einen Bericht über einen englischen Baumhaus-Bauer sahen, wussten sie: Sie würden wieder Buden bauen, im Wald. Nur würden sie sie diesmal vermieten.

Weil in Deutschland vieles vielen Standards entsprechen und manchen Vorschriften gehorchen muss, suchten sich die drei Freunde verlässliche Hilfe: Die Münchener Firma Baumbaron fertigt professionell Baumhäuser im Auftrag. Seit 2008 hat sie in den Wald bei Uslar sieben Baumhäuser gebaut, in vier bis sieben Meter Höhe, und keines gleicht dem anderen. Denn die Brill-Brüder und Freund Reimelt haben ihre Ideen und Träume eingebracht Die »Burg« streckt Holzzinnen in die Baumwipfel, und »Ahletal« bietet Quadratmeter ohne Ende – für sechs Schlafplätze. Alle Baumhäuser haben Toilette, Wasserkocher und Balkon. Wer im »Baumtraum« absteigt, darf sogar nachts über eine Hängebrücke in luftiger Höhe ins separate Toilettenhäuschen balancieren, und wer »Freiraum« wählt, kann sein Bett in lauer Sommernacht auf den luftigen Balkon kurbeln.

Vielleicht sind sie etwas zu eckig, um sich perfekt in den dichten, grünen Mischwald einzufügen – aber ein Erlebnis sind die Häuser trotzdem. Bewohner berichten morgens davon, sie hätten sogar die Wölfe heulen gehört. Zwar wurde ein Isegrim im Solling vor Jahren wirklich gesichtet. Heute entspringt sein Geheul jedoch eher der Fantasie begeisterter Baumhausbewohner. Zumal das Hotelgelände von einem Zaun umgeben ist: Seit der Weltausstellung Expo 2000 heißt das Areal »Erlebniswald« – ein

NIEDERSACHSEN / USLAR-SCHÖNHAGEN

dezentrales Projekt, das zu Recht nicht von der Weltöffentlichkeit erobert wurde. Auf Grundschulniveau kann man hier »Wald erfahren« – oder man lässt es einfach.

Das größere Erlebnis ist die weitere Umgebung des Hotels – der Solling. Ein wunderschöner, naturreicher Wald, der ganz nebenbei auch noch als »zweitgrößtes Gebirge Niedersachsens« firmiert – ein zweifelhafter Titel: Mit atemberaubenden 527,8 m Höhe erhebt sich des Sollings höchster Berg, die »Große Blöße« (der Name ist Programm), kaum unterscheidbar vom Umland. Im Jahr 2010 rückten somit auch nicht etwa Abfahrtsläufer an, sondern Langläufer: Eine der sieben Ski-Wanderpisten des Sollings wurde auf dem platten Berg eröffnet.

Auch im Winter zieht es daher Urlauber in diese Wunderwelt – wie gut, dass die Baumhäuser ordentlich isoliert und beheizbar sind. Zudem sind sie im Winter etwas billiger zu haben. Bei Minusgraden kann man übrigens morgens auch einfach im Bett bleiben – das Frühstück kommt per Korb bis an die Koje, wenn niemand auf der Treppe wartet. Nur die Krümel muss man später selbst wieder fortpusten.

SONNENSEITE: Schöne Lage, schöne Häuschen.
SCHATTENSEITE: Etwas bieder, etwas teuer.
KOSTEN: Zwischen 120 und 200 € pro Nacht. Wer länger bleibt, spart ein wenig.
KLO & CO.: Die Baumhäuser haben eine Kompost-Toilette. Duschen und weitere Sanitäranlagen sind einen Fußmarsch entfernt auf dem nahen Campingplatz. Dort gibt es auch ein schönes Naturschwimmbad.
ESSEN & TRINKEN: Morgens bringen fleißige Helfer einen Korb voll Frühstück in die Wipfelhütten. Ansonsten alles mitbringen! In Schönhagen (2 km) gibt's Läden & Restaurants.
STADTPROGRAMM: Immer schön, wenn eine Universitätsstadt in der Nähe liegt – Shopping gut, Kneipen besser. Göttingen (45 km) bietet auch sonst einiges, zum Beispiel den »Vierkirchenblick« – eine Bronzeplatte im Pflaster an der Ecke Marktplatz / Kornmarkt. Von dort ist in jeder Himmelsrichtung eine Kirche zu sehen (N: Jacobi, O: Albani, S: Michaelis, W: Johannis).
LANDPARTIE: 7 km entfernt vom Erlebniswald liegt Schloss Nienover. Hier grasen Heckrinder und Exmoorponys in lichten Eichenwäldern: Bis vor 150 Jahren wurden im Solling selbst Hausschweine in diesen »Hutewald« (von »hüten«) getrieben – und nicht auf die übliche Wiese.
ABENTEUER: Der »Treerock« ist ein brandneuer Kletterparcours im Hochsolling – mit 58 Stationen und Deutschlands modernstem Sicherungssystem (Schießhäuser Straße 8, 37603 Holzminden-Silberborn, 0521 329920-18, kontakt@treerock.de).
GRILLFREI: Im »Bella Napoli« in Uslar kann man nicht viel falsch machen – Pizza, Pasta und Antipasti auf Südniedersächsisch (Neustädter Platz 35, 05571 2126).
HIN & HER: A7, Abfahrt Nörten-Hardenberg, weiter auf der B446 Richtung Hardegsen. Dann weiter nach Uslar, Schönhagen, rechts Richtung Neuhaus / Holzminden. Nach ca. 1 km Schildern in Richtung »Erlebniswald« folgen. Der nächste Bahnhof ist in Uslar (ca. 10 km).
GEÖFFNET: Ganzjährig.
AUSWEICHQUARTIER: Der Dauercamper-Traum nahebei heißt »Campingplatz Schönhagen« (In der Loh 1, 37170 Uslar, 05571 912379, www.campingplatz-am-freizeitsee-schoenhagen. de). 24 km weiter warten Safarizelt und Blockhütte auf dem Campingplatz Am Niemetal (Mühlenstraße 4, 37127 Löwenhagen, 05502 998461, Info@ Am-Niemetal.de).

Baumhaushotel Solling, In der Loh / Am ErlebnisWald, 37170 Uslar OT Schönhagen

| t | 05571 919305 oder 0172 5619469 | w | www.baumhaushotel-solling.de | @ | info@baumhaushotel-solling.de |

MECKLENBURG-VORPOMMERN / **FISCHLAND-DARSS-ZINGST**

Regenbogencamp Prerow 17

Auf dem Parkplatz am Regenbogencamp vollführen die Menschen seltsame Handbewegungen. Bekreuzigen die sich etwa? Nein: Mücken verjagen und Mückenlotion auftragen in einem wirkt ein wenig wie Bekreuzigung. Und im Sommer suchen die Mücken Prerow wie eine biblische Plage heim – angelockt von massenhafter Beute in Gestalt unzähliger Urlauber.

Das Regenbogencamp Prerow hat es geradeso in dieses Buch geschafft: Denn der Platz ist für unseren Geschmack viel zu groß, kommerziell und unpersönlich – das »Ballermann der Ostsee«. Wehe dem, der sein Zelt nahe den Restaurants und Sanitärblocks aufschlägt.

Wer aber am Parkplatz seine kleine Handkarre belädt und mit ihr durch den Sand stapft, auf der Suche nach genügend Abstand zum nächsten Nachbarn, der könnte sein kleines Glück finden: Zweieinhalb Kilometer Strand dürfen mit Heringen durchlöchert werden – am Rande der Anlage gibt es wunderschöne Plätzchen in den Dünen. Man hört die Wellen an den Strand schlagen und vergisst die Trecker, die tagsüber Wohnwagen durch die Dünen auf ihre Parzelle schleppen.

Aber Vorsicht: In der Hauptsaison kann man nicht anders, als einen großen Bogen um Prerow zu machen. Nicht nur wegen der Mücken. Aber auch.

SONNENSEITE: Hier ist Camping in den Dünen erlaubt.
SCHATTENSEITE: No-go-Area in der Hauptsaison. Bullis müssen draußen bleiben.
KOSTEN: Je nach Saison zahlen Familien mit Zelt 12–29 €, mit Bulli 12–38 €, Strom 3,50 €.
KLO & CO.: Sehr weite Wege, wenig charmant, aber zweckmäßig.
ESSEN & TRINKEN: Es gibt Restaurants und Supermärkte im Regenbogencamp.
STADTPROGRAMM: Die mäßig schöne Bernsteinstadt Ribnitz-Damgarten liegt an der Einfahrt zur Halbinselkette Fischland-Darß-Zingst und bietet neben einem Bernstein- auch ein Technikmuseum auf dem stillgelegten Flugplatz.
LANDPARTIE: Eine Wanderung zur Nordwest-Ecke des Darß – am Ende wartet der große Leuchtturm mit Natureum, einer Ausstellung über Flora und Fauna der drei Inseln.
ABENTEUER: Schnupper-Tauchkurse in der Ostsee bietet die Marry-Lea-Poppins Tauchschule, Hülsenstraße 12, 0160 96254721 oder 0176 53534112, Prerow@Marry-Lea-Poppins-Tauchschule.com).
GRILLFREI: Das indische Restaurant K 2 gehört zu den besseren in Prerow (Schulstr. 7, 18375 Ostseebad Prerow, 038233 709599).
HIN & HER: Bis Bahnhof Ribnitz-Damgarten/West oder Barth, weiter mit dem Bus in Richtung Prerow. Mit dem Auto: A19 in Richtung Rostock, Abfahrt Neu Bartelsdorf, dann in Richtung Ribnitz-Damgarten, Dierhagen, Ahrenshoop nach Prerow. Oder über Stralsund – B96, B105 nach Barth und weiter auf die Halbinsel Zingst.
GEÖFFNET: Ganzjährig.
AUSWEICHQUARTIER: Die Jugendherberge Born hat einen kleinen Zeltplatz, schön und ruhig gelegen im Wald – aber eben nicht direkt an der Ostsee (Ibenhorst 1, 18375 Born, 038234 229, jh-born@jugendherberge.de).

Regenbogencamp Prerow, Bernsteinweg 4-8, 18375 Prerow

t 038233 331 oder 276   w www.regenbogen-camp.de   @ prerow@regenbogen-camp.de

MECKLENBURG-VORPOMMERN / **LOHME, RÜGEN**

Krüger Naturcamping [18]

Mitten im Nationalpark steht ein Reh. Nichts Besonderes? Doch, denn dieses Reh auf Rügen ist ein Unikat. Weder hat es vier Beine, noch ist es braun. »REH« stand in der DDR für »Raumerweiterungshalle«. Und eine solche Halle hat Norbert Krüger auf seinem Naturcampingplatz aufgebaut. Ein Relikt aus alter Zeit – und ein Symbol für die wechselvolle Geschichte seines Zeltplatzes.

Niemand würde wohl sagen, dass sich das weiße Ungetüm organisch in die Waldlichtung eingliedert, die in der Mitte des Campingplatzes liegt. Dieses »Reh« wirkt eher wie ein Raumschiff – weiß, mit abgerundetem Dachfuß und nach innen geneigten Wänden. Mehrere solche Elemente stecken ineinander und lassen sich wie eine Ziehharmonika auseinander ziehen – so entsteht eine immer größere Halle. Norbert Krüger hat in diesem »Reh« die Gastwirtschaft seines Campingplatzes (die »Spechthöhle«) untergebracht. Seine Frau kocht abends – während Norbert vom Kampf um ein schönes Stückchen Erde berichtet.

Denn gezeltet wird in Lohme im Nordwesten Rügens schon seit Langem. Ursprünglich durften Gäste ihre Zelte in den 50er Jahren direkt an der Küste aufschlagen. Weil die DDR jedoch ihre Grenze besser sichern wollte, wurde der gesamte Platz kurzerhand ins Innere der Insel verlegt, nach Nipmerow, etwa einen Kilometer vom Meer entfernt.

Kurz nach der Wende wurde dann 1990 Deutschlands kleinster Nationalpark gegründet: Die Buchenwälder des Höhenrückens der Stubnitz und die Kreidekliff-Küste bilden heute den »Nationalpark Jasmund«. Und der Campingplatz liegt mittendrin.

Das gibt es nur ein Mal auf Rügen – Camping im Nationalpark, und Norbert Krüger sah seine große Stunde gekommen. Er wollte den Platz kaufen. Doch zwischen ihm und seinem Traum standen noch einige Gerichtsverfahren. Denn die Nachkommen des Fürsten Malte zu Putbus, der 1945 im KZ Sachsenhausen starb, verlangten von Kreisen, Land und Bund, dass ihnen enteignete Ländereien zurückgegeben werden sollten – darunter auch der Campingplatz. Und so musste Norbert Krüger warten, bis ein Gericht schließlich gegen die adeligen Nachkommen entschied.

Seitdem nennt Norbert das kleine Stückchen Nationalpark sein Eigen. Kein Platz liegt enger umschlungen von Rügens wunderschönen, dichten Buchenwäldern. Und Camper können sich entscheiden, ob sie zwischen den hohen Bäumen oder auf der Lichtung ihre Zelte aufschlagen. Wunderschön ist auch die Wiese am Waldrand. Von hier erspäht man bei klarer Sicht Rügens Wahrzeichen, das Kap Arkona, das in weiter Ferne in der Abendsonne leuchtet.

Ein wenig liebevoller könnte der Platz aufgeteilt sein, etwas kleinere »Abwasser«-

Schilder, etwas mehr Atmosphäre. Immerhin: An der kleinen Feuerstelle sind Lagerfeuer erlaubt. Und wer die richtigen Nachbarn findet, kann hier cool campen.

Mindestens einmal sollten Urlauber abends im Bauch des »Rehs« einkehren und sich von Norbert Krüger die Geschichte des Platzes erzählen lassen. Und wenn man dann, einige Gramm schwerer und einige Promille beschwingter, durch den Buchenwald zurück zum Zelt stolpert, dann kann es sein, dass man den kleinen braunen Bruder des großen weißen Rehs erspäht. Etwas scheuer und etwas schöner – und auch ein Symbol für diesen Platz: Denn Camping auf der Touristeninsel Rügen gibt es so ruhig, entspannt und dicht an der Natur nur hier, in Nipmerow.

SONNENSEITE: Ein Wald, eine Lichtung, eine Wiese – Camping ganz nach persönlichem Geschmack.
SCHATTENSEITE: Das Publikum ist gemischt – auf die richtigen Nachbarn kommt es an.
KOSTEN: Kinder 3–4 €, Erwachsene 5–7 €, Bulli 4–7 €, Zelt 2–3 €, Strom 3 €.
KLO & CO.: Ein schönes, neueres Holz-Waschhäuschen steht am Rand der Lichtung.
ESSEN & TRINKEN: Der Kiosk an der Rezeption verkauft das Nötigste, im Restaurant »Spechthöhle« (im »Reh«) gibt's Deftiges zum Sonnenuntergang.
STADTPROGRAMM: Die »weiße Stadt« Putbus (36 km) heißt wegen ihrer hellen Häuser so: Der Fürst zu Putbus ließ seinen Heimatort ausbauen, damit das Stadtensemble zu Schloss und Park passte. Und er mochte wohl Weiß. Am anderen Ende des Rügendamms liegt die alte, schöne Hansestadt Stralsund, die nicht nur George Bush jr. gern besuchte.
LANDPARTIE: Der neue Wanderweg »Rügenkreide erleben« führt nahe dem Campingplatz zu einem ehemaligen Kreidebruch und durch uralten Baumbestand zum Hochufer – fantastische Ausblicke auf Kreidefelsen und Meer.
ABENTEUER: Ein Insel-Tarzan kann sich hängen lassen im Kletterwald Rügen (Rugardweg 9, 18528 Bergen auf Rügen, 0152 04903263, www.kletterwald-ruegen.com) oder im Seilgarten Prora (Objektstr. TH52 Block 3, 18609 Ostseebad Binz OT Prora, 03831 3569473, info@seilgarten-prora.de).
GRILLFREI: Jasmunder Kräuterwürstchen, Müritzer Lamm und Mecklenburger Ente serviert das Hotel Schloss Ranzow, Schlossallee 1, 18551 Lohme/Rügen, 038302 88910, info@schloss-ranzow.de).
HIN & HER: Mit dem Zug bis Sassnitz, dann weiter mit dem Bus nach Nipmerow, Bushaltestelle direkt vor dem Campingplatz. Mit dem Auto über die B96, Abfahrt Sagard, Richtung Bobbin, dann rechts Richtung Sassnitz/Stubbenkammer, bis Nipmerow sind's etwa 8 km.
GEÖFFNET: April bis Oktober.
AUSWEICHQUARTIER: Birkengrund (s. S. 87) oder Norbert Krügers zweiter Platz in Polchow – weniger Stellplätze, aber auch weniger Charme (gleiche Kontaktdaten).

Krüger Naturcamping, Jasmunder Straße 5, 18551 Lohme / Ortsteil Nipmerow

| t | 038302 9244 | w | www.ruegen-naturcamping.de | @ | info@ruegen-naturcamping.de |

MECKLENBURG-VORPOMMERN / **SASSNITZ, RÜGEN**

Ferienhof Birkengrund [19]

Volker Barthmann sieht sich als »moderner Aussteiger«: Vor Jahren schuftete er in Wirtschaftsprüfer-Büros in Köln und Düsseldorf. Dann hatte er genug vom Leben im Anzug: Heute stapft er in Lederhose durch das kniehohe Gras rund um den Birkengrund – und ist am Ziel seiner Träume.

Vor 6 Jahren kaufte er das frühere DDR-Pionierlager »Pablo Neruda«. Im Norden Rügens grenzt das Grundstück direkt an den waldigen Nationalpark Jasmund samt bröckelnden Kreidefelsen – zentral genug, um in Sassnitz einzukaufen oder in der Ostsee zu schwimmen, aber entlegen genug, um ein wildes Wochenende zu erleben: Wiesen, Wald und verwunschene Winkel – ein grünes Tal, von alten Bäumen eingerahmt. Hier findet jeder ein Plätzchen, und verschiedene Gruppen bringt Barthmann einfach in entfernten Ecken seines großen Grundstücks unter.

Der Birkengrund ist kein herkömmlicher Campingplatz, sondern eine Nische in der Natur, in der man vor allem Raum für sich, seine Freunde und ein Lagerfeuer findet. Was der »moderne Aussteiger« Volker Barthmann an seinem Leben mag, kann man hier prima nachfühlen. Denn der Birkengrund bietet Aussteigen für ein Wochenende, Wildnis auf Zeit. Und wer weiß, vielleicht wird ja mehr daraus. Wie bei Volker Barthmann.

SONNENSEITE: Camping mit Freiraum und Lagerfeuer – perfekt für kleine Gruppen und mehrere Familien beim Gemeinschaftsausflug.
SCHATTENSEITE: Einzelne Camper könnten auf Großgruppen treffen – das mag nicht jeder.
KOSTEN: Erwachsene 10 €, Kinder 6 € (plus Frühstück 6 € / 4,50 €, das mitgebucht werden muss).
KLO & CO.: Im Haupthaus – in Ordnung, aber nicht umwerfend.
ESSEN & TRINKEN: Auf Wunsch räuchert Volker Barthmann Fische, für Gruppen wirft er den Grill an, und das obligatorische Frühstücksbuffet ist üppig.
STADTPROGRAMM: »Nach Rügen reisen heißt nach Sassnitz reisen«, schreibt Theodor Fontane in »Effi Briest« – die Stadt bietet typische Bäderarchitektur mit Eiscafés, Fischimbiss und Tourismus-Tamtam.
LANDPARTIE: Der Nationalpark Jasmund grenzt direkt an den Birkengrund – die Wissower Klinken, die Caspar David Friedrich zu seinen »Kreidefelsen vor Rügen« inspirierten, liegen eine Wanderung entfernt.
ABENTEUER: Volker Barthmann bietet Wikinger-Dreikampf (Bogenschießen, Findlingswerfen und Axtzielwurf) sowie Hanomag-Touren inklusive Hügelbezwingung – angeblich schafft der Hanomag bis zu 69 % Steigung.
GRILLFREI: Tapas und südfranzösische Küche bringt das »Harbours« auf den Tisch (Hafenstraße 5, 18546 Sassnitz, 038392 374520, info@harbours5.de).
HIN & HER: Der nächste Bahnhof liegt in Lancken. Mit dem Auto von Bergen erste Ampelkreuzung links Richtung Bahnhof Lancken, beim Bahnübergang halb links in die Buddenhagener Straße, hier ca. 500 m gerade aus bis zur 90°-Rechtskurve, hier dem Straßenverlauf folgen, nach ca. 1 km führt eine Kopfsteinpflasterstraße geradeaus weiter zum Campingplatz – Vorsicht, wurde für Kutschen gebaut ...
GEÖFFNET: Mai bis Oktober.
AUSWEICHQUARTIER: Krüger Naturcamping, Lohme (s. S. 83).

Ferienhof Birkengrund, Naturfreundehaus am Nationalpark Jasmund, Ferienhof Birkengrund 1, 18546 Sassnitz/Rügen

t 038392 34001 **w** www.ferienhof-birkengrund.de   info@ferienhof-birkengrund.de

MECKLENBURG-VORPOMMERN / **LÜTOW, USEDOM**

Naturcamping Usedom [20]

Als wir über die Peenebrücke fahren und Wolgast hinter uns lassen, hören wir die Nachrichten im Radio: Die Unwetter sind uns auf den Fersen. Von West nach Ost ziehen sie über's Land. In Hannover und Braunschweig haben sie schon gewütet. Nun haben sie Kurs auf die Vorpommersche Küste genommen. Den ganzen Tag schon drückt die Luft, Wolkenfetzen verhängen das stählerne Himmelsblau. Hinter uns türmen sich riesige Gebilde am Himmel auf, düster, in allen möglichen Grauschattierungen bis ins Schwarze.

Die Fahrt zum Naturcampingplatz dauert länger, als das Navi versprochen hat. Vom kleinen Örtchen Lütow, an dessen Ausgang das Zielfähnchen auf dem Display blinkt, sind es noch unzählige Windungen auf der kleinen Waldstraße, die das Navi nicht kennt. An der Rezeption händigen sie uns zu allem Überfluss noch eine kleine Karte aus – so groß ist der Naturcampingplatz. Es gibt Parzellen mit Strom- und Wasseranschluss. Aber es gibt auch, was wir suchen: eine große Fläche ohne Schnickschnack, unter Nadelbäumen mit Blick aufs Wasser. Jeder schläft, wo er mag. Wir schlagen unser Nachtlager dicht am Abbruch der Klippe auf. Zum schmalen Strandstreifen hinab führen Holzstufen.

Was für eine Ruhe und was für eine Lage! Hier kann man Zeit verbringen, ohne dass sie lang wird. Man kann schwimmen oder paddeln, auf den Bänken über dem Wasser sitzen oder direkt am Strand, die Zehen im Sand vergraben. Der Platz selbst ist zu groß, um gemütlich zu sein, und etwas in die Jahre gekommen. Aber die Aussicht entschädigt uns dafür.

Denn der Blick über das »Achterwasser«, die Bucht, die der Peenestrom in die Insel Usedom gefressen hat, ist spektakulär: das Wasser spiegelglatt, kein Lüftchen weht. Drüben über dem Festland drohen die dunklen Wolken. Auf diesem Plätzchen sieht man das Wetter kommen, und man ahnt, was einem blüht, wenn es Abend wird. Die lichten Bäume werden wenig Schutz bieten, wenn es losgeht. Also Nudeln mit Pesto auf dem Kocher statt Steak vom Grill – das geht schneller.

Es dämmert, die Mücken piesacken uns trotz des kleinen Feuers, das wir im Korb entzündet haben. Zähneputzen an den dürftigen Außenwasserbecken, dann ab in den Schlafsack. Die Nacht ist pechschwarz, weil kein Stern durch die düsteren Wolken scheint. Seit einer Stunde rumpelt der Donner in der Ferne, die Blitze zischen über das Achterwasser. Aber bisher kein Tropfen Regen auf unserer Seite, und noch immer weht kein Lüftchen.

Während wir auf das Unwetter warten, kommt der Schlaf. Und ich weiß nicht, ob ich von Donner und Blitz nur geträumt habe.

MECKLENBURG-VORPOMMERN / **LÜTOW, USEDOM**

MECKLENBURG-VORPOMMERN / **LÜTOW, USEDOM**

Denn als ich am nächsten Morgen zu den ersten Sonnenstrahlen hinausblicke, ist der Boden nass: Es muss geregnet haben. Aber gewütet hat das Unwetter wohl nicht. Die restlichen Nudeln schwimmen neben Fettaugen im Kochtopf. Alle Zelte stehen noch. Wir waren auf der richtigen Seite des Achterwassers. Uns hat das Unwetter verschont. Wir haben es nur aus der Ferne gesehen, flüchtig seine Bekanntschaft gemacht. Das reicht auch. Schönwetter-Camper zu sein ist in Ordnung, und die zwischen Deutschland und Polen geteilte Insel Usedom lässt sich sehr viel besser erkunden, wenn nicht alle Klamotten klamm sind.

Also zurück über die lange Waldstraße, hinein in die Ostsee am Strand von Zinnowitz. Unser Nachtlager bleibt für ein paar Tage auf dem Naturcampingplatz Usedom. Denn es gibt kein schöneres Fleckchen für ein Zelt auf dieser Insel. Das Wetter hält.

SONNENSEITE: Camping unter hohen Bäumen am Achterwasser – schöner kann die Aussicht nicht sein.
SCHATTENSEITE: Ein Riesenplatz, auf dem vieles ein wenig unpersönlich bleibt.
KOSTEN: Je nach Saison Erwachsene 4,50–5,60 €, Kinder 3–3,80 €, Zelt und Bulli zwischen 4,80 und 6,50 €, Strom 2,50 €.
KLO & CO.: Die Sanitärblocks sind schon etwas in die Jahre gekommen und werden im Sommer von Insekten bevölkert.
ESSEN & TRINKEN: Der kleine Einkaufsmarkt verkauft das Nötigste. Die Gaststätte »Pott und Pann« kocht Regional-Deftiges.
STADTPROGRAMM: Caspar David Friedrichs Geburtsstadt Greifswald (50 km) lockt nicht nur mit wunderschönem Marktplatz, sondern auch mit ein wenig Studentenleben und -kneipen dank der Universität. Ganz ordentlich erhalten ist auch die mittelalterliche Altstadt von Wolgast auf der anderen Seite der Peenebrücke.
LANDPARTIE: 40 km Sandstrand wollen erobert werden. Oder ihr strampelt mit dem UsedomRad über 150 km Radwege: An über 50 Stationen können die Räder ausgeliehen und ganz flexibel auch am Ziel der Reise zurückgegeben werden (www.usedomrad.de).
ABENTEUER: 1998 hat der größte je gebaute konventionell betriebene U-Raketenkreuzer im Hafen von Peenemünde festgemacht: Nur ein Drittel des U-Bootes U-461 liegt über Wasser, aber auch der Rest des Kolosses kann besichtigt werden (Maritim Museum, Haupthafen Peenemünde, 038371 28565).
GRILLFREI: Im »Achterdeck« in Loddin kommen frischer Fisch und Wild auf den Tisch – die Campingplatz-Betreiber schwören auf die gute Küche (Am Achterwasser 4, 17459 Seebad Loddin, 038375 24755, www.restaurant-achterdeck.de).
HIN & HER: Mit dem Auto über die A20, Abfahrt Gützkow, dann B111 über die Peenebrücke Wolgast oder über die A20, Abfahrt Jarmen, dann B110 über die Zecheriner Brücke. Der Bahnhof Zinnowitz der Usedomer Bäderbahn liegt rund 8 km vom Campingplatz entfernt, ein VW-Bus bringt Camper zum Platz (10 € pro Fahrt, telefonisch anmelden!).
GEÖFFNET: Ostern bis Ende Oktober.
AUSWEICHQUARTIER: Der Naturcampingplatz Lassan (Garthof 5-6, 17440 Lassan, Naturcampingplatzlassan@gmx.de, 038374 80373) auf dem Festland, auf der anderen Seite des Achterwassers am Peenestrom, bietet Ähnliches wie Naturcamping Usedom.

Naturcamping Usedom, Zeltplatzstraße 20, 17440 Lütow / Insel Usedom

| t | 038377 40581 | w | www.naturcamping-usedom.de | | info@naturcamping-usedom.de |

MECKLENBURG-VORPOMMERN / **FELDBERG**

Hof Eichholz [21]

Als es vor 120.000 Jahren etwas kälter wurde, schob die Ostsee ihr Eis über Land. Eine solche Gletscherzunge schlabberte sich bis zum heutigen Feldberg vor: Es entstand der Breite Luzin, ein blauer, frischer Zungenbeckensee mit bis zu 60 Metern Tiefe – weniger überlaufen als seine Freunde rund um die Müritz.

An diesem Zungenbeckensee liegt ein kleiner Campingplatz, der ursprünglich mal ein Bauernhof war. Heute hält Max Greiling, den knapp 30jährigen Inhaber, nur noch das Zeltvieh auf Trab, dem er auch Boote für einen Paddelausflug ausleiht.

Ihr Plätzchen können sich Camper auf dem Hof Eichholz aussuchen – entweder auf einem seltsam künstlich anmutenden Hügel an der Einfahrt oder nah am Waldrand – oder weiter unten, direkt am Seeufer. Etwa 30 Dauercamper halten hier auch im Winter die Stellung. Und so kann es über Wohl oder Wehe entscheiden, sich hier die richtigen Nachbarn auszusuchen. Finden sollte man sie möglichst nah am Wasser. Denn dort kann man dann nach dem anstrengenden Zeltaufbau vom Steg ins kühle, tiefe Wasser des Breiten Luzin springen und sich darüber freuen, dass sich einst eine Gletscherzunge vorbeischob und einen wunderbaren See hinterließ.

SONNENSEITE: Eine autofreie Zeltwiese am Wasser – und die Feldberger Seen sind weniger überlaufen als die Müritz & Co.
SCHATTENSEITE: Die Atmosphäre ist durchwachsen – Dauercamper neben Zelturlaubern.
KOSTEN: Je nach Saison Kinder 2–3 €, Erwachsene 4–5,50 €, Zelt und Bulli 3–9 €.
KLO & CO.: Ein modernes Sanitärgebäude freut sogar den ADAC – und es liegt nah am Seeufer.
ESSEN & TRINKEN: Die Rezeption verkauft nur das Nötigste, aber im Ort gibt's Supermärkte. Und nahebei verkauft der Hofladen der Schäferei Hellbusch Bio-Tee und Omas Marmelade (Hullerbusch 2, 039831 20006, schreiben@schaeferei-hullerbusch.de).
STADTPROGRAMM: Die barocke Residenzstadt Neustrelitz (35 km) bietet Baudenkmäler am schönen Marktplatz und eine Galerie mit Plastiken in der Schlosskirche.
LANDPARTIE: Nördlich des Breiten Luzins liegen Schlossberg und Reiherberg – auf dem Schlossberg stand einst eine slawische Burganlage, der Reiherberg bietet einen schönen Blick auf Haussee und Feldberg. Im Hans-Fallada-Museum in Carwitz wird im Sommer regelmäßig Falladas »Kleiner Mann, was nun?« gelesen.
ABENTEUER: Feldberg ist eine Wasserski-Hochburg dank Bundesstützpunkt. Immer montags zwischen 17 und 20 Uhr kann jedermann sein Glück am Boot versuchen, Ausrüstung wird gestellt (WSC Luzin Feldberg, Amtsplatz 44, post@best-of-wasserski.de).
GRILLFREI: Eine riesige Flammkuchenkarte – und Plätze direkt am Seeufer bietet der »Abendsegler« (Abendsegler im Haus Seenland, Strelitzer Str. 4, 17258 Feldberg, 039831 22234, mail@abendsegler.com).
HIN & HER: Vom Bahnhof Neustrelitz fährt der Bus regelmäßig nach Feldberg. Mit dem Auto über die A20, Abfahrt »Prenzlau-Süd«, oder die A19, Abfahrt »Röbel/Müritz«, weiter über Neustrelitz.
GEÖFFNET: Ganzjährig.
AUSWEICHQUARTIER: Planwagencamping auf dem Bauernhof bietet Familie Köster in Grünow (ca. 15 km – Am Nationalpark 31, 17237 Grünow, 039821 40888, kontakt@planwagencamping.de). »Klein und fein« nennt sich der Campingplatz »Am Carwitzer See« (ca. 12 km, Carwitzer Straße 80, 17258 Feldberger Seenlandschaft, 039831 21160, webmaster@campingplatz-am-carwitzer-see-klein-und-fein.de).

Camping am Bauernhof, Hof Eichholz 1–8, 17258 Feldberg

| t | 039831 21084 | w | www.camping-am-bauernhof.m-vp.de | | campc30@aol.com |

Hexenwäldchen [22]

Er weiß, was er will. Und er zieht es durch. Uwe Fischer hat in Mecklenburg-Vorpommern einen Campingplatz nicht bloß gekauft, er hat ihn mit viel Einsatz auch entwickelt und geformt. Und alles begann mit einer Postkarte.

Denn der Ruhrpott-Mann arbeitete als Immobilienmakler im Außendienst. Und er hatte es satt. Also klapperte Uwe nach der Wiedervereinigung viele Gemeinden im Osten ab – auf der Suche nach einem Campingplatz, den er kaufen könnte. Auch in Blankenförde schaute er vorbei, zunächst ohne Erfolg. Monate später jedoch erhielt er eine Postkarte von Herrn Hermani aus der Gemeindeverwaltung (denn ein Telefon hatte man dort noch nicht). Der Text war unmissverständlich: »Werter Uwe Fischer, das ehemalige Kinderferienlager in Kakeldütt liegt brach. Vielleicht kümmern Sie sich darum.« Das tat Uwe Fischer, und das tut er bis heute.

Er kam, sah und setzte sich durch. Zunächst zäunte er das Gelände ein. »Damit habe ich mich bei den Nachbarn nicht beliebt gemacht, die hier seit jeher badeten,« erinnert er sich. »Aber wie hätte ich den Platz sonst pflegen und erhalten sollen?«

Es ist ein schönes Stückchen Erde, das er seitdem hegt. Ein Hang, der sanft zum Jamelsee abfällt, bietet Zelten Platz. Hier ist man mittendrin im Campingleben, das aber nie zu wild wird. Denn Uwe Fischer stopft seinen Platz nicht voll, er hält Maß, damit alle genug Lebensraum haben. Ein paar Schritte weiter gibt es kleine Nischen, unten am Seeufer ebenso wie weiter oben im Wald, in denen man seine Ruhe haben kann. Die Plätze sind schattig, auf festem Waldboden. Und von fast überall sieht man den See glänzen. Autos werden möglichst draußen geparkt, damit die Atmosphäre stimmt.

Denn die Atmosphäre ist Uwe Fischer besonders wichtig. Er schimpft auf die »Rüpel-Republik Deutschland«, in der Fairness und Ordnung keine Werte mehr sind. Rigoros verbietet er Partys auf dem Platz, größere Gruppen nimmt er nicht auf. Und die Nachtruhe um 22 Uhr, »die mache ich«, sagt er. Wer weiter beisammen sitzen will, kann die Feuerstelle in der Kiesgrube nutzen, an der etwas abseits, außer Hörweite schlafender Zelter, oft musiziert wird. Aber nur mit akustischen Instrumenten. »Verstärkte Musik und Transistorgequake kommen mir nicht auf den Platz«, meint Fischer.

Das mag alles etwas strikt und spaßfrei klingen, ist es aber nicht: Uwe Fischer hat in seinen Jahren im Hexenwäldchen gelernt, dass er sich sein Publikum aussuchen muss. »Ich habe es in der Hand, ob Camper sich hier wohlfühlen«, sagt er. Denn wer einmal hierher passt, der genießt jede Freiheit und jeden Spaß, den Uwe Fischer sich ausgedacht hat. Es gibt Märchenstunden für Kinder, einen Streichelzoo mit Hühnern und Hängebauchschweinen und sogar eine Sauna mit

MECKLENBURG-VORPOMMERN / **BLANKENFÖRDE-KAKELDÜTT**

Seeblick, die von den Campinggästen gemietet werden kann.

Uwe Fischer hat eine kleine Welt geschaffen, einen Campingplatz, der seinem persönlichen Ideal von Ruhe, Entspannung und Urlaub sehr nahe kommt – natur- und menschennah. Und das war keine Hexerei, sondern harte Arbeit. Womit wir bei der entscheidenden Frage wären: Was hat es mit den Hexen im Wäldchen auf sich? »Hier wurden noch im 20. Jahrhundert Hexen verbrannt«, erzählt Fischer. Und er schaut dabei so überzeugend, dass man es ihm fast glauben könnte. Dann grinst er und sagt: »Nöö, das ist nur ein Marketingkniff, ein schöner Name, den Gäste sich merken können.«

Das Hexenwäldchen ist eben mehr als ein Campingplatz. Es ist ein Unternehmen mit Philosophie und Positionierung, mit einem sorgsam gepflegten Image und einer gelebten Verantwortung gegenüber Kunden und Umwelt. Weil Uwe Fischer sehr genau weiß, was er will.

SONNENSEITE: Tolle Atmosphäre, tolle Lage – perfekt für Paddler, die Mecklenburgs Seen erobern wollen.
SCHATTENSEITE: Die überfrachtete Website nervt ein wenig.
KOSTEN: Je nach Saison Kinder 2,50–2,90 €, Erwachsene 5,10–5,60 € (incl. kleinem Zelt), für größere Zelte und Bullis ca. 3,90 €, Ökostrom 2,50 €, Duschen 0,90 €.
KLO & CO.: Es gibt sogar eine kleine Sauna. Die Sanitärblocks sind vorhanden und okay.
ESSEN & TRINKEN: Der Tante-Emma-Laden in der Rezeption verkauft eine gute Auswahl. Zudem wird samstags regelmäßig Fisch geräuchert (auch der, den Gäste fangen) und am Kiosk verkauft.
STADTPROGRAMM: In Fürstenberg an der Havel locken Schloss und Bahnhof – denn Berlin ist nur eine Zugstunde entfernt.
LANDPARTIE: Rheinsberg (37 km) wurde durch Kurt Tucholskys gleichnamiges »Bilderbuch für Verliebte« berühmt. Das Schloss diente den Erbauern von Sanssouci als Vorbild.
ABENTEUER: Flyer-Fahrräder mit Elektrohilfe vergrößern den Radtour-Radius auf bis zu 100 km am Tag (zu mieten am Hexenwäldchen). Wer sich noch vom Fleck bewegen möchte, kann die platzeigene Zehnloch-Crossgolfbahn bespielen.
GRILLFREI: Die »Räucherkate zum Hexenwäldchen« liegt einen Steinwurf entfernt. Uwe Fischer bringt selbstgeräucherten Fisch auf die Teller.
HIN & HER: Mit dem Zug bis Kratzeburg (dann Taxi, ca. 15 km) oder Groß Quassow (mit dem Fahrrad, ca. 7 km). Mit dem Auto über die A19, Abfahrt Röbel, dann über Mirow nach Blankenförde.
GEÖFFNET: Ostern bzw. 1. April bis 31. Oktober.
AUSWEICHQUARTIER: Campingplatz Naturfreund (s. S. 105) und Camp am Ellbogensee (s. S. 101).

Hexenwäldchen, Dorfstraße 1a, 17252 Blankenförde/Kakeldütt

t 039829 20215 w www.hexenwaeldchen.de   kontakt@hexenwaeldchen.de

MECKLENBURG-VORPOMMERN / **WESENBERG-STRASEN**

Camp am Ellbogensee [23]

Meinen Bulli parke ich am Rand der Wiese, die zum Ellbogensee abfällt. Der Blick auf den See ist fantastisch: Vor mir das spiegelglatte Wasser, in der Ferne trennt eine bewaldete Landzunge Unter- und Oberarm des Ellbogensees. Nach rechts und links verschwindet das Wasser um die Ecke, fast symmetrisch, voller Ästhetik. Selbst die Mittvierzigerin, die mich durch die Bulli-scheibe böse anblitzt, kann mir die gute Laune nicht verderben. Angeblich habe ich meinen VW-Bus dort geparkt, wo sie morgens frühstückt – sie belegt offenbar gleich zwei Zeltplätze. »Das haben wir schon immer so gemacht«, fuchst sie mich an. Ups! Zum Glück ist sie nur ein Überbleibsel von »Damals«, als am Ellbogensee noch die Dauercamper herrschten. Heute hat der Naturcampingplatzes Ellbogensee dagegen dank fantastischer Betreiber eindeutig Cool-Camping-Potenzial.

»Damals«, zu DDR-Zeiten, zeichneten sich Naturcampingplätze vor allem dadurch aus, dass sie wenig boten außer Natur, schon gar nicht Komfort bei Klo & Co. 55 Jahre ging das so am Ellbogensee, bis die Niederländer Niek und Marianna den Platz 2007 erstanden. Zusammen mit Tochter, Schwiegersohn und zwei Enkelkindern gestalten sie seitdem voller Energie das »Morgen« am Ellbogensee, und das »Heute« liegt irgendwo auf dem Weg dahin.

Die Niederländer sind Entwicklungshelfer im Camping-Schwellenland Deutschland. Gartenzwerg und Schlagbaum, Sichtschutz-Palisaden und Hertha-BSC-Wimpel, Gardinen am Wohnwagenfenster und Namensschildchen am Gartentor gehören nicht zu ihrer Campingwelt. Eine düstere Camper-Kneipe gibt es auch nicht, sondern einen luftigen Neubau, ein modernes Haus für Rezeption, Bio-Lädchen und Caffè. Auf der hübschen umlaufenden Holzterrasse hat der Caffè Latte eine Herzchen-Deko, und der Kuchen ist selbstgebacken.

Die neue Ellbogensee-Crew richtet ihren Platz konsequent auf Familien mit Kindern aus. Nicht mit Animation, sondern mit viel Platz zum Herumtollen. Ein Naturspielplatz mit Seilgarten und Nestschaukel gehören dazu, aber auch viele unberührte Ecken, in denen man mit Glück Rehe, Igel und Marder treffen kann. Die Mittagsruhe wurde gerade abgeschafft, abends ab 22 Uhr dagegen, wenn Kinder schlafen und Erwachsene feiern wollen, ist nur noch Flüsterton erlaubt. Gerade haben Niek und Marianna ein zweites Gebäude entworfen, in dem eine Bibliothek, Theaterworkshops und Yogaseminare eine Heimat finden sollen.

Die Entwicklungsarbeit trägt Früchte: Auf den meist schattigen Plätzen im Wald finden sich immer mehr junge Familien ein. »Wir mussten uns von einigen Dauercampern trennen, denen der Wandel nicht gefallen

MECKLENBURG-VORPOMMERN / **WESENBERG-STRASEN**

hat«, berichtet Marianna. Das klingt, als sei mein Erlebnis Bullifenster harmlos gewesen. Zwar räume ich schließlich das Frühstücksparadies der Mitvierzigerin und parke um. Und sehe ich nun nur noch ein kleines Stückchen See. Das aber ist so schön, dass ich das personifizierte »Gestern« in meiner Nachbarschaft vergesse.

Ich ziehe meine Badehose an und laufe hinunter zum See. Das kühle Wasser kriecht mit jedem Schritt die Beine hoch. Mit einem Kopfsprung tauche ich ein ins Glück und genieße die Freiheit – wie ein Fisch, der in einer Unmenge Wasser unauffindbar verschwindet. Es dämmert, und als ich später langsam zurückschwimme, sammeln die ersten Camper Holz für das große Lagerfeuer, das jeden Abend am See entzündet wird.

Wir setzen uns auf Baumstämme und erzählen vom Tag. Neben mir hält ein Neunjähriger sein Stockbrot in die Glut. Ein kleines Abenteuer, die große Freiheit. Und es fällt leicht, der Ellbogensee-Crew zu glauben, dass hier spätestens »morgen« einer der coolsten Plätze im Land entstanden sein wird.

SONNENSEITE: Fantastische Lage und echte Profis als Betreiber. Das schönste Lagerfeuer im Land.
SCHATTENSEITE: Nur wenige Plätze liegen direkt am See, die meisten sind im schattigen Wald versteckt. Nicht so schlimm: Für die Waldcamper gibt es einen zweiten Badesee, nur 5 min entfernt – den »Großen Boberow«.
KOSTEN: Kinder 3,10 €, Erwachsene 5,20 €, Zelte 7,95 €, Bullis 8,25 €.
KLO & CO.: Zwei Waschhäuser sind auf dem Gelände verteilt. Das größere ist ein schicker Import aus den Niederlanden – hell und sauber mit Baby- und Kinderbadezimmer.
ESSEN & TRINKEN: Das beste Camping-Café im Land bietet auf der Holzterrasse mit Seeblick sehr gutem Caffè Latte, kleine Bio-Snacks und reichhaltiges Frühstück.

STADTPROGRAMM: Berlin ist nur 100 km entfernt – falls man mal der Natur entfliehen möchte. Mit dem Zug eine Stunde ab Fürstenberg/Havel (10 min mit dem Auto).
LANDPARTIE: Die Ellbogensee-Crew verleiht Kanus, mit denen man, wenn man möchte, tagelang paddeln kann: Ellbogensee, Priepertsee und Wagnitzsee liegen in der einen Richtung, der Stechlinsee, Europas größter Klarwassersee, in der anderen.
ABENTEUER: Warum nicht das Zelt für ein paar Tage gegen ein Hausfloß tauschen? Drei Tage ab 380 € bei Floß-Tours (Am Hang, 17237 Userin, 03981 204309, info@floss-tours.de).
GRILLFREI: Fischsuppe mit Hechtklößchen und gegrillten Zander serviert das Forsthaus Strelitz, der Tipp der Ellenbogensee-Crew (Forsthaus Strelitz, Berliner Chaussee 1,

17235 Neustrelitz, 03981 447135, www.forsthaus-strelitz.de).
HIN & HER: Vom Bahnhof Fürstenberg/Havel kann man sich für 10 € abholen lassen. Mit dem Auto aus Berlin über die B96 bis Fürstenberg, dann Richtung Steinförde, Großmenow. Aus Hamburg A24, Ausfahrt Pritzwalk, dann Richtung Wittstock, Rheinsberg, Canow und Strasen. In Strasen geradeaus fahren und den Schildern (nicht der Hauptstraße) folgen.
GEÖFFNET: 1. April bis 1. November.
AUSWEICHQUARTIER: »Ihr Familienpark« am Labussee (ca. 14 km) wird von Kanufahrern sehr geschätzt – ein kleiner Familienbetrieb mit engagierten Betreibern. (Am Kleinen Labussee 1 B, 17255 Wesenberg, 039832 20525, info@ihr-familienpark.de).

Camp am Ellbogensee, 17255 Wesenberg, Ortsteil Strasen/Groß Menow

t 033093 32173   w www.ellbogensee.de   @ service@ellbogensee.de

MECKLENBURG-VORPOMMERN / **KRATZEBURG**

Campingplatz Naturfreund 24

Erst verschwindet der weiße Mittelstreifen der Straße, dann der Teerbelag, und am Ende zuckeln wir über einen Sandweg, der kein Ende nimmt. Wären wir nicht Naturfreunde, wir würden den »Naturfreund Kratzeburg« wohl nicht besuchen. Doch es lohnt sich.

Am Ufer des Käbelicksees wachsen hohe Bäume, unter denen Camper ihre Planen ausrollen können. Der grüne Uferstreifen ist nur für Zelte reserviert. Durch die Bäume blinzelt der See, der der perfekte Ausgangspunkt für Wasserwanderer ist. Denn erst am Käbelicksee wird die Havel mit drei bis vier Meter breit genug, um bepaddelt zu werden. Nachts kann man sein Kanu direkt neben das Zelt ziehen.

Der Rest des Campingplatzes gehört Wohnwagen-Urlaubern. Wir zelten gewissermaßen in ihrem Vorgarten, was nicht besonders cool ist. Die Lage direkt am See und der kleine Steg, von dem man ins riesige, weite Wasser springen kann, entschädigen jedoch dafür.

Seit zehn Jahren betreibt Familie Wolski den Campingplatz. Man merkt, dass langsam erneuert wird, was lange niemand mehr angefasst hat. Gerade wurde das Toilettenhaus mit viel Holz und Geschmack renoviert. Vielleicht wäre es eine lohnende Herausforderung, auch an der Atmosphäre des Platzes zu arbeiten – damit mehr Zelturlauber kommen und sich wohl fühlen. Dieser Platz hat Eroberungspotenzial!

SONNENSEITE: Camping mit Blick auf den Sonnenuntergang, am Ausgangspunkt mancher Kanuwanderung.
SCHATTENSEITE: Zelturlauber sind in der Minderheit, und es gibt Berichte über laute Feiern der Dauergäste.
KOSTEN: Erwachsene 5,50 €, Kinder 3,50–5 €, Zelt und Bulli 2–8 €.
KLO & CO.: Das schöne, neue Toilettenhaus liegt leider weit ab vom See.
ESSEN & TRINKEN: Die hübsche, kleine Rezeption verkauft das Nötigste.
STADTPROGRAMM: In der barocken Residenzstadt Neustrelitz (15 km) ist der quadratische Marktplatz zugleich Windrose: Sternförmig führen acht gerade Straßen in die Haupt- und Nebenhimmelsrichtungen ab.
LANDPARTIE: Mit dem Fahrrad in das Schliemann-Dorf Ankershagen (ca. 4 km). Hier verlebte der Troja-Entdecker seine Kindheit. Vor dem alten Pfarrhaus der Familie (heute ein Schliemann-Museum) steht ein nachgebildetes Trojanisches Pferd.
ABENTEUER: Mit dem Ballonteam Usadel in die Luft gehen und die Seen von oben sehen (Rüdiger Bannier, Usadeler Straße 17, 17237 Usadel, 039824 20282).
GRILLFREI: Das Café Storchennest in Ankershagen bietet selbstgebackenen Kuchen und Wildspezialitäten (Nationalparkstraße 10, 17219 Ankershagen, 039921 71953, kontakt@cafe-storchennest.de).
HIN & HER: Mit dem Auto über die B193, Abzweig Kratzeburg, mit der Bahn nach Kratzeburg auf der Linie von Berlin über Neustrelitz nach Rostock.
GEÖFFNET: April bis Oktober.
AUSWEICHQUARTIER: Hexenwäldchen (s. S. 97) oder die Kanumühle Wesenberg, Havelmühle 1, 17255 Wesenberg, 039832 20350, info@kanu-muehle.de – ein kleiner Platz mit Kanustation, leider an einer befahrenen Straße.

Campingplatz Naturfreund, Dorfstraße 3, 17237 Kratzeburg

| t | 039822 20285 | w | www.campingplatz-naturfreund.de | | info@campingplatz-naturfreund.de |

MECKLENBURG-VORPOMMERN / **KLEIN PANKOW**

Safari-Camping am Blanksee [25]

Ernest Hemingway wäre wohl mehr als unglücklich auf diesem Campingplatz. Weit und breit keine »verschlagenen Hundebastardfratzen« (Hyänen), keine »Scheißkerle« (Nashörner), und der Wald stinkt auch nicht nach Katzendreck. Nichts, was einem Jäger Freude bereiten würde. Stimmt schon – das volle Programm der »Green Hills of Africa« (so der Titel von Hemingways Safari-Buch) findet man nicht am Blanksee in Mecklenburg-Vorpommern. Dafür findet man aber den sehr angenehmen Teil dieses Abenteuers – nämlich aufregende Nächte im Safari-Zelt.

In Beige und Oliv verstecken sich die mannshohen Hauszelte aus Leinen unter den Bäumen. Wenn man davor auf seiner Holzveranda sitzt, kann man durch Blätter und Büsche den See erahnen. In den Zelten hängen zwei Schlafkabinen am Stahlrahmen, mit frisch gemachten Doppelbetten. Vor den Kojen ist genug Platz für einen großen Tisch mit bequemen Stühlen und für eine kleine Küche samt Kühlschrank und Gasherd. 35 m² auf Holzdielen – campst du noch, oder wohnst du schon?

Zum See sind es nur ein paar Schritte den Hang hinab. Auf der großen Wiese finden auch Urlauber mit eigenem Zelt schöne Plätze. Sanft fällt der Sandstrand ab ins Wasser – ein feines Privatbad für Camper. Ein Teil des Sees gehört zu einem nahen Naturschutzgebiet – und so ruhig und friedlich ist es hier auch. Einige wenige Kanus und Tretboote sind zu sehen – sie können (samt Schwimmwesten für Kinder) an der Rezeption ausgeliehen werden.

Am Blanksee bekommt man schnell das Gefühl, dass echte Profis am Werk sind – zu Recht: Nach jahrelanger Erfahrung als Campingurlauber kauften die Niederländer Arjan und Erni Schippers das Gelände 2006. Seitdem gestalten sie den ehemaligen Dauercamper-Platz langsam um (nebenbei erziehen sie auch noch vier Kinder). Die beiden haben ein Händchen dafür, Camping wieder cool und familienfreundlich zu machen. Toiletten und Duschen am Blanksee wurden renoviert, ein neuer Babyraum erfreut Familien, und der Camper-Laden erfüllt die nötigsten Bedürfnisse.

Die Schippers sind jedoch nicht ganz allein in ihrem Unterfangen: Die beiden Safari-Zelte hat die holländische Firma Tendi aufgebaut. In ganz Europa sucht sie die schönsten Zeltplätze aus, um sie mit ihren Leinenhäusern zu beglücken. Leider sind die Zelte am Blanksee derzeit nur wochenweise zu mieten, und nur für viel Geld. Aber dann findet auch eine ganze Familie Platz in ihnen. In Deutschland gibt es neben dem Blanksee nur noch eine weitere Tendi-Station: in der Nähe des Baumhaushotels im Solling (s. S. 78, »Ausweichquartier«).

An der Blanksee-Rezeption hängt eine Tafel, die »Waldbrandstufe 0« ausweist. Heißt

MECKLENBURG-VORPOMMERN / **KLEIN PANKOW**

übersetzt: Regen. Bedeckter Himmel. Keine Hitze. Und das ist das Einzige, was in Mecklenburg-Vorpommern manchmal zum Safarigefühl fehlt. Nun gut, Hemingway würde auch die nächtlichen Rufe der Elefanten vermissen und das frühe Aufstehen. Denn mit Akribie bereitete er sich morgens auf jeden Jagdgang vor. Seine beiden Waffen, eine Mannlicher und eine Springfield, wurden geputzt und geladen, damit Einheimische sie später für ihn durch die Savanne schleppen konnten. Hemingway selbst trug nur vier Taschentücher bei sich,

griffbereit und sauber, damit nicht ein beschlagenes Brillenglas beim Zielen das Ziel vernebelte.

Am Blanksee sollte man eher ein sorgsam gefaltetes Handtuch bei sich haben. Damit man jederzeit eintauchen kann in den wunderbar klaren, kühlen See. Auf Hyänenjagd kann man dann nachts gehen, wenn der Leinenstoff des Zeltes sich im Wind bewegt und die Augen langsam zufallen. Dann klingt die Rohrdommel vielleicht wie das ferne Rufen eines Pavians, und der planschende Fischotter wie ein Nilpferd beim Nachtbad.

SONNENSEITE: Safarigefühle in Mecklenburg-Vorpommern – leider mit Großwild-Preisen.
SCHATTENSEITE: Der Platz versprüht noch ein wenig vom Charme vergangener Camping-Jahrzehnte. Die netten Betreiber machen vieles wett.
KOSTEN: Erwachsene 5 €, Kinder 3 €, Zelte ab 4,50 €, Bulli 8 €. Safarizelte pro Woche für eine vierköpfige Familie ab 420 €.
KLO & CO.: Im renovierten Sanitärhaus duscht man schon mal 5 min länger, wenn's auch 1 € am Automaten kostet.
ESSEN & TRINKEN: Jeden Morgen frische Brötchen, ein gut sortierter Camperladen und eine kleine Gaststätte mit Imbisskost bereichern das Camperleben – inklusive Familienpommes im Papiersack für 6 Personen!
STADTPROGRAMM: Die nächsten Supermärkte warten in den Kleinstädten Parchim (10 km) oder

Lübz (14 km). Beide Städte locken mit altem denkmalgeschützten Kern, und Lübz bietet zudem noch eine Brauerei, die das sehr süffige »Lübzer Pils« verkauft. Einst rotierte hier die einzige Dosenabfüllanlage der DDR, aus der 80 Prozent des DDR-Exportbieres seinen Weg über die Grenze fanden.
LANDPARTIE: Das höchste Dorf in Mecklenburg-Vorpommern heißt Leppin (12 km) – Soldaten schütteten hier in den 80er Jahren den Dachsberg auf. Aus 169 m Höhe kann man zwar das Meer noch nicht sehen, dafür aber gute Teile des südlichen Mecklenburgs. Oder man radelt auf Mecklenburgs typischen Alleen durch blühende Felder und Wiesen.
ABENTEUER: Noch ein Berg im Flachland – in Malchow (50 km) bringt man 30 m Höhenunterschied auf einer 800 m langen Sommerrodelbahn hinter sich (ab 2,20 €, Karower Chaussee 6,

17213 Malchow, 039932 18422, info@sommerrodelbahn-malchow.de).
GRILLFREI: In Parchim kocht das »Himalaya« indisch (Schuhmarkt 3, 03871 265114) und das »Zinnhaus« italienisch im restaurierten Bürgerhaus, das früher eine Zinngießerei beherbergte (Langestraße 24, 03871 633814).
HIN & HER: Der Platz liegt 15 min von der A24, Abfahrt 16 (Suckow), dann Richtung Siggelkow, Meyenburg, durch Groß Pankow hindurch dem Hauptweg nach Klein Pankow folgen. Achtung: Das Navi schickt euch zur falschen Adresse! Der nächste Bahnhof liegt in Parchim, mit dem ZOB Bus 703 nach Klein Pankow.
GEÖFFNET: April bis Oktober.
AUSWEICHQUARTIER: Das Lewitzcamp Garwitz direkt an der Elde-Müritz-Wasserstraße bietet Tipis mit Kanalanschluss (19372 Garwitz, 0172 3157377, info@lewitzcamp.de).

Camping am Blanksee, Am Blanksee 1, 19376 Siggelkow Ortsteil Klein Pankow

| t | 038724 22590 oder 0152 08803883 | | www.campingamblanksee.de | @ | info@campingamblanksee.de |

Tentstation [26]

Die Tentstation ist tot, es lebe die Tentstation! Berlins erster Stadtzeltplatz musste 2011 schließen – nach fünf atemberaubend erfolgreichen Jahren in Moabit, in Laufweite des Berliner Hauptbahnhofs. Ob es die Tentstation gerade gibt, wenn ihr dieses Buch lest, weiß niemand. Aber das macht nichts: Denn die Tentstation war nie für die Ewigkeit geplant. Und wenn es sie heute nicht gibt, wird es sie vielleicht schon morgen wieder geben. Aber der Reihe nach:

Wir schreiben das Jahr 2005. In einem Jahr sollte nicht nur die Fußballweltmeisterschaft in Deutschland angepfiffen und der neue Berliner Hauptbahnhof eröffnet werden. In einem Jahr wollte die Berliner Geografie-Studentin Sarah Oßwald auch endlich ihr Studium abgeschlossen haben, samt Diplomarbeit. Schreiben wollte sie über »Zwischennutzungen«, also Projekte, die für eine begrenzte Zeit ein Grundstück erobern, das brach liegt – als Platzhalter zwischen altem und neuem Besitzer.

Als Sarah Oßwald bei den Berliner Behörden nach geeigneten Forschungsgegenständen suchte, stieß sie auf ein Freibad in Moabit, das bereits geschlossen hatte. Ein neuer Besitzer war noch nicht gefunden, die Nutzung offen. Sarah wusste sofort: Hier würde sie nicht nur eine Diplomarbeit schreiben, sondern gleich ein Kapitel ihres Lebens. Sie überzeugte drei Freunde, und zu viert eröffneten sie 2006 die Tentstation Berlin. Aus der Liegewiese machten sie eine neue Heimat für hunderte Zelte, ein Schwimmbecken wurde zur Bühne für Swing-Abende und Kultur, und der Startblock mit der Nummer acht zum Logo der Tentstation. Alles mit maximalem Charme, aber minimalem Aufwand, denn die Tentstation musste sich von Jahr zu Jahr in neue Verträge mit der Stadt retten.

Im Sommer ist der Platz immer ausgebucht, mit internationalem Publikum aus 40 Ländern. Es gibt kaum Regeln in der Tentstation, bis auf eine: die Nachtruhe zwischen Mitternacht und 8 Uhr morgens. Wer sie nicht einhält, fliegt vom Platz. Die Betreiber geben ihren Gästen Freiheit und ernten Zufriedenheit und Glück. Doch man soll ja aufhören, wenn es am Schönsten ist. Und so umwehen Sarah und ihre Freunde gerade die Geister, die sie selbst gerufen haben: Zwischennutzung? Da war doch was.

Die Tentstation ist eben ein Pop-up-Platz, wie einer der Pop-up-Stores, die für ein paar Wochen Mode oder Schuhe verticken, bevor neue Mieter einziehen. Oder wie ein Pop-up-Zelt, das in Sekunden aufgebaut wird – aber ebenso schnell auch wieder ab. Leider fand die Stadt kürzlich einen Käufer für das Freibad-Grundstück. Der will hier ein neues Wellness-Bad bauen. Die Zelte mussten also weichen, der Stadtplatz machte dicht für die Saison 2012 und 2013. Zwischenzeitlich hatte

BERLIN

die Tentstation schon einen alten Friedhof als neue Heimat ins Visier genommen, aber aus dem Plan wurde nichts.

Wo, wann und ob Sarah und ihre Mitstreiter nach dem Freibad-Abenteuer überhaupt den Neustart wagen werden, ist offen. Fest steht jedoch, was auch im neuen Heim überleben wird: Die Nachtruhe zum Beispiel oder die Bar, die aus alten Türen der Freibad-Umkleiden gezimmert wurde. Auch die Startblöcke würden es aus dem Freibad wohl in eine neue Heimat schaffen, schließlich sind sie das Wahrzeichen der Tentstation. Mit diesen Zutaten und ein wenig Glück würde sich der Charme der Tentstation auch an einem neuen Ort entfalten.

Wie gut, dass Sarah ihre Diplomarbeit schon lange fertig geschrieben hat. Denn damit ist sie diplomierte Expertin für Zwischennutzungen, und der Zeltplatz-Neustart macht ihr keine großen Sorgen, im Gegenteil: Tentstation 2.0 – sie sprüht schon vor Ideen. Lang lebe die Tentstation! Wo und wie auch immer.

SONNENSEITE: Jedem Ende wohnt ein Anfang inne – Zelten mitten in der Stadt reloaded.
SCHATTENSEITE: Bitte unbedingt online checken, wo und wie die Tentstation gerade öffnet.
KOSTEN: 11 € für Erwachsene, 5–8 € für Kinder im Zelt (Autos und Bullis müssen draußen bleiben). Wer nur mit Schlafsack kommt, kann Zelt (4 €) oder Wohnwagen (15 €) mieten.
KLO & CO.: In alten Freibad-Umkleiden – zweckmäßig.
ESSEN & TRINKEN: Die Bar am Schwimmerbecken serviert neben Croissants, Kaffee, Bier und Wein auch Kultur – Lesungen und Konzerte.
STADTPROGRAMM: Ex-DDR-Flohmarkt auf dem Arkonaplatz (So. 10–16 Uhr), Trödelmarkt Bergmannstraße (So. 10–16 Uhr) oder der Kottim am Kottbusser Tor mit Kunst & Krempel (www.kottim.de, So. 12–20 Uhr).
LANDPARTIE: Mit dem Zug (Station Werbellinsee) zum Biorama-Projekt, einer Aussichtsplattform auf einem ehemaligen Wasserturm inmitten der Seenlandschaft im Norden Berlins (www.biorama-projekt.org). Badehose einpacken!
ABENTEUER: Spreeflößfahren mit Wotan und Odin – Platz für 10 Personen, ein kleiner Motor, und ab geht's (ab 72 € für 4 Stunden, Floßhäfen in Hessenwinkel oder Oberschöneweide, 0173 1043917 oder 0173 1043917).
GRILLFREI: Der Tipp der Tentstation-Crew: in Laufweite kocht das Biorestaurant »Lei e Lui« (Wilsnacker Str. 61, 10559 Berlin, 030 – 30208890, www.lei-e-lui.de).
HIN & HER: 10 min Fußweg ab Hauptbahnhof – Ausgang Invalidenstraße, links auf die Invalidenstraße, nach 100 m rechts in die Lehrter Straße und anschließend links in die Seydlitzstraße abbiegen. Nach 100 m liegt auf der rechten Seite die Tentstation.
GEÖFFNET: Ende April bis Anfang Oktober.
AUSWEICHQUARTIER: Ohne Charme mit Gartenzwerg – City-Camping in Spandau, Gartenfelder Straße 1, 030 33503633, spandau@city-camping-berlin.de.

Tentstation, Seydlitzstr. 6, 10557 Berlin

t 030 39404650   w www.tentstation.de   mail@tentstation.de

NORDRHEIN-WESTFALEN / **WINNEKENDONK**

Anna Fleuth

Wenn auch nicht bekannt ist, ob der Musiker John Cage gern campen ging – er hat eine Erwähnung in »Cool Camping« verdient. Denn Cage bescherte der Welt unter anderem das Musikstück »4'33« (4 Minuten 33), das ein einziges Notationszeichen enthält: die Pause.

Beim Sommerfest des Campingplatzes »Anna Fleuth« führte kürzlich die Band von Betreiber Daniel Wouters »4'33« auf. Nachdem Daniel mit flotten Schlägen vorgezählt hatte, hielten er und seine Musiker genau zwei Minuten und 16 Sekunden lang die Instrumente still. Sie boten das John-Cage-Stück quasi in doppeltem Tempo dar – kein Ton, keine Bewegung, sondern Ruhe. Dieser Auftritt der Band K-Otic Noise samt Frontmann Daniel steht für seinen Campingplatz: Denn Anna Fleuth ist ein besonderer Ort. Ein stilles Plätzchen, angenehm entspannt und ruhig. Eben gut für eine lange Pause.

»K-Otic« (chaotisch) ist auf Daniels Platz gar nichts, im Gegenteil. Die Welt scheint hier in bester Ordnung zu sein, überschaubar und mit sich im Reinen. Der Zeltplatz ist Daniels sehr persönliche Antwort auf eine bekannte Frage: Wie kann ich Beruf, Leidenschaft und Familie unter einen Hut bringen? Von Beruf ist Daniel Musiker und studierter Musikethnologe. Leidenschaftlich versucht er, die Natur zu schützen und mit ihr zu leben. Seine Familie besteht aus Partnerin Helen und Sohn Robin sowie Daniels Eltern, die erheblichen Anteil daran hatten, die große Frage zu beantworten.

Denn sie gaben ihren Garten her für Daniels Antwort: Er wollte einen Zeltplatz gründen. Im vergangenen Jahr öffnete schließlich der Campingplatz Anna Fleuth hinter Daniels Elternhaus. Der Name beschreibt seine Lage – er liegt an der Issumer Fleuth (»Flöth« gesprochen), einem 25 km langen, für Schwimmer zu flachen Flüsschen, das den Platz zu einer Seite begrenzt. Wenn man »An der Fleuth« etwas luschig ausspricht, klingt das im niederrheinischen wie »Anna Fleuth«.

An der Fleuth legen sie viel Wert auf die Atmosphäre: Nur 30 Zelte finden auf der Obstwiese Platz, Autos (und somit auch Bullis) müssen draußen bleiben. Dafür hat sich die niederrheinische Flora und Fauna ihre Nischen und Rückzugsgebiete erobert: In einer Ecke des Gartens ragt die Wurzel einer Pappel meterhoch in den Himmel, die ein Sturm im vergangenen Jahr umgelegt hat. Daniel veranstaltet Kräuterseminare, Osterfeuer, Apfelkuchenwochenenden und Winterzelten. Und ein selbstgebauter Steinofen wartet auf die Pizza der Zelturlauber.

Ins blitzneue Sanitärhaus hat Familie Wouters eine Behindertentoilette eingebaut. Integrative Gruppen – Behinderte und Nicht-Behinderte – sind besonders willkom-

NORDRHEIN-WESTFALEN / **WINNEKENDONK**

men. Das warme Wasser kommt aus Sonnenkollektoren auf dem Dach und einer Pellet-Heizung. Zum Frühstücksbuffet (jeden Morgen von 8.30 Uhr bis 10 Uhr) gibt es Vollkornbrot und Gürkchen. Und wer sein eigenes Zelt nicht dabei hat, kann ein Feldbett im Gruppenzelt beziehen.

Daniel hat seinen Mut zusammengenommen und sich einen Traum verwirklicht. Er lebt sein Leben dank Anna Fleuth so, wie es ihm passt. Weil er selbst gern unterwegs war, sind ihm die campenden Gäste nah, und er genießt ihre Gesellschaft. Er kann viel Zeit mit seinem Sohn verbringen. Oft schlendern die beiden gemeinsam über den Platz und helfen beim Zeltaufbau. Und dann und wann bleibt noch genug Zeit für Daniel, selbst Musik zu machen.

Auf der Internetseite wird jeder Camper aufgefordert, seine eigenen Musikinstrumente mitzubringen – für Gesang am Lagerfeuer, vielleicht gar für experimentelle Stücke. Denn John Cage hat in weiser Voraussicht immerhin erlaubt, sein Stück »4´33« in jeder anderen Länge zu spielen. Stille für ein Wochenende wäre also machbar, oder für einen ganzen Urlaub »Anna Fleuth«.

SONNENSEITE: Zelturlaub auf der Obstwiese – friedlich und entspannt. Cool Camping pur - unser Favorit!
SCHATTENSEITE: Bullis müssen leider draußen bleiben.
KOSTEN: Zelt 5–7 €, Erwachsene 5,50 €, Kinder 4 €, Mietzelt für Familie 40 € (mind. 2 Nächte).
KLO & CO.: Das niegelnagelneue Klo-Holzhaus blitzt sauber und ist geräumig.
ESSEN & TRINKEN: Frühstücksbuffet für 6,50 € pro Person, Lunchpakete für 4,90 € und Snacks und Konservendosen am Kiosk.
STADTPROGRAMM: 20 km entfernt lockt eine Rarität – die einzige deutsche Stadt mit einem »X«. In Xanten wurde der Nibelungen-Sage nach Siegfried geboren, und bis ins Mittelalter hieß die Stadt »Klein-Troja«. Zu sehen sind aus dieser Zeit Funde im Archäologischen Park, ein Amphitheater und der gotische St. Viktor-Dom.
LANDPARTIE: Anna Fleuth liegt inmitten eines Radwege-Spinnennetzes, nahebei verlaufen unter anderem der Niers-Wanderweg, die Niederrhein-Route und die »Via Romana« entlang alter Römer-Funde.
ABENTEUER: Noch eine Rarität in 10 km Entfernung – Europas größtes Bauernhof-Labyrinth, das Irrland, bietet Verwirrung unter tausenden Bambus-, Lorbeer-, Palmen- und Sonnenblumenpflanzen.
GRILLFREI: Auch eine Rarität – an der Luft getrocknetes Rindfleisch (»Dry Aged Beef«) im »Altderb« in Kevelaer (Alt Derp, Haus Stassen, Hauptstraße 63, 02832 78476, info@alt-derp.de). Oder niederländische Leibspeise im Pfannekuchenhaus Hollandia (Busmannstraße 14, Kevelaer, 02832 971677).
HIN & HER: Möglichst mit öffentlichen Verkehrsmitteln, weil es nur 5 Parkplätze gibt. Ab Bahnhof Kevelaer mit dem Bürgerbus der Kevelaer-Winnekendonk-Linie bis zur Haltestelle »Friedhof«.
GEÖFFNET: April bis Oktober.
AUSWEICHQUARTIER: Konventionell, aber ruhig ist der Campingpark Kerstgenshof, Marienbaumer Str. 158, 47665 Sonsbeck-Labbeck, 02801 4308.

Zeltplatz Anna Fleuth, Niersstraße 39, 47626 Kevelaer

t 02832 899980   w www.anna-fleuth.de   kontakt@anna-fleuth.de

NORDRHEIN-WESTFALEN / **BOTTROP-EBEL**

Das Parkhotel [28]

Die gelbe, runde, übergroße Tür fällt ins Schloss, und ich bin allein in meinem oberirdischen Kanalrohr. 2 Meter im Durchmesser, 2 Meter 60 lang. Die kleine, weiße Stehlampe neben dem Bett könnte ich einschalten. Doch es fällt genügend Licht durch das Bullauge über mir, und ich sehe, wie der Wind die grünen Blätter draußen verweht. Das Bett ist hart, aber bequem, darunter Stauraum für meine Tasche. Zwei Kopfkissen, Decken und ein großes Bild an der Stirnseite: eine schwimmende Dame mit Badekappe in blau-grün. Und das in einer ehemaligen Kläranlage?

Der harte, graue Beton um mich herum dämmt die Geräusche von draußen. Sie verstummen nicht, sie verschwimmen nur. Ein Güterzug rattert heran, die Bremsen schreien. Fern röhrt eine Maschine. Wenn ich einschlafen würde, könnte ich mit diesen Geräuschen träumen, und es wäre leicht, ins Damals zurückzureisen: als Zechensirenen den Schichtwechsel ankündigten, laut über das ganze Ruhrgebiet hinweg. Rumpelnde Stahlwalzen, schabende Kohlehobel, der »Pulsschlag aus Stahl«, den Herbert Grönemeyer in »Bochum« besingt. Man hörte ihn laut in der Nacht.

Im Parkhotel kann man davon träumen, wie das Ruhrgebiet einst klang. Schließlich schläft man mittendrin im Pott, in einem Kanalrohr, das heute für die Zukunft dieser Region steht. Denn baugleiche Kanalrohre werden einige Meter weiter gerade unter der Erde verbaut, damit das gesamte Ruhrgebiet wieder gut schlafen kann.

Einst strömten die Flüsse Emscher und Berne lebendig und gesund durch die Landschaft. Dann kam die Industrialisierung und mit ihr der Bergbau. Diese machten die zwei Flüsse zu offenen Schmutzwasserkanälen, in die sich die Abwasser von Industrien, Bergbau und Städten ergossen. »Köttelbecken« nannten sie Emscher und Berne fortan, um die Sauerei zu beschreiben, die durch die einbetonierten Flussbetten trieb.

Die Menschen im Ruhrgebiet waren nicht etwa unzivilisiert, als sie ihre Flüsse derart missbrauchten: Denn Kanalisation ließ sich hier nicht verlegen, weil ganze Gebiete durch den Bergbau absackten, an einigen Stellen um bis zu 15 Meter. Die Flüsse waren der einzige Weg, den das Abwasser nehmen konnte, und sie wurden nach Kräften geklärt. An der Mündung des Essener Stadtflusses Berne in die Emscher zum Beispiel arbeitete fast 40 Jahre lang ein Klärwerk. Hier liegt heute der Bernepark, ein kleines Stückchen Grün im Grau – mit Schlafröhren und Spielplatz. Vom Klärwerk zum Park – was für eine Veränderung. Verantwortlich dafür ist die Emscher-Genossenschaft, der Unternehmen, Bergbau und Kommunen angehören. Sie hat den Auftrag, nach Ende des Bergbaus die Flüsse der Region bis 2020 wieder naturnah zurückzubauen und die Abwässer durch

NORDRHEIN-WESTFALEN / **BOTTROP-EBEL**

unterirdische Flusszwillinge in Kanalrohren zu leiten. Den Menschen im Ruhrgebiet gibt die Genossenschaft lebenswerten Raum entlang der Flüsse zurück. Und sie ist dabei offen für Ideen, so wie im Bernepark: Der österreichische Künstler Andreas Strauss entwickelte die fünf oberirdischen Schlafröhren. Auch Anwohner des Berneparks mieten sich heute über das Internet immer mal wieder ihr Kanalrohr für eine Nacht – vielleicht, damit sie spüren können, welchen Weg ihre Heimat schon gegangen ist.

Eines der kreisrunden Klärbecken im Bernepark wurde zum Garten umgebaut. Das andere ist unter der stählernen Räumerbrücke noch immer voll Wasser. Und man dürfte vielleicht sogar darin schwimmen, würde nicht die Badeaufsicht fehlen (Willkommen in Deutschland!). Denn die Wasserqualität ist gut. Und die Dame mit Badekappe an der Wand meines Kanalrohres könnte heute wirklich dort schwimmen, wo noch vor wenigen Jahren die Köttel aus der Berne gefiltert wurden.

Wenn ich heute Nacht die Augen schließe, werde ich im Traum vielleicht die Geräusche von morgen hören: ein lautes Platschen beim Kopfsprung ins ehemalige Klärbecken. Das leise Plätschern bei jedem Zug. Und nur in der Ferne ein Güterzug – schließlich sind wir immer noch im Ruhrgebiet.

SONNENSEITE: Eine der schrägsten (rundesten) Hütten im Land.
SCHATTENSEITE: Die fünf Kanalrohre sind begehrt, also früh buchen. Kein Platz für Zelte.
KOSTEN: »Pay as you like« – man zahlt, so viel man möchte. 20 € pro Nacht decken gerade die Kosten der Macher.
KLO & CO.: Dusche & Toilette im versteckten Container – zweckmäßig und sauber.
ESSEN & TRINKEN: Keine Rezeption, kein Kiosk – alles mitbringen!
STADTPROGRAMM: Einen Blick aufs Ruhrgebiet bietet Bottrops seltsames Wahrzeichen, der Tetraeder: eine Stahlkonstruktion auf der Halde Beckstraße, die durch Abraum aus dem Bergbau entstand. Tolle Aussicht fast 100 m hoch über Bottrop.
LANDPARTIE: Mit »Emscher-Expeditionen« das Emschertal erkunden – Ideen für geführte oder eigene Touren per Kanu, Lama oder Mountainbike (www.emscher-expeditionen.eu).
ABENTEUER: Fallschirmspringen in der Halle, für Anfänger ab 49 € (Indoor Skydiving Bottrop, Prosperstraße 297, 01805 151010, kontakt@indoor-skydiving.de).
GRILLFREI: Von »Himmel und Erde mit Blutwurst« über »Currywurst auf moderne Art« bis zum »Havelzander mit Aromaten im Strudelteig« kocht Ernst Scherrer mit Auszubildenden im »Restaurant im Maschinenhaus« gleich neben den Schlafröhren – ein gemeinnütziges Projekt, um Jugendliche in Arbeit zu vermitteln. Scherrer macht eine Pause vom Ruhestand: Der 66-Jährige war lange Jahre Chef de Cuisine in Recklinghausens bestem Restaurant, dem »Landhaus Scherrer«.
HIN & HER: A42, Abfahrt Bottrop Süd, dann über die Borbecker Straße.
GEÖFFNET: Mai bis Oktober.
AUSWEICHQUARTIER: Ruhrcamping Essen (s. S. 123) oder 50 km nördlich, im Naturpark Hohe Mark, Camping Groß-Reken, Schomberg GbR, Berge 4, 48734 Reken, 02864 4494.

Das Parkhotel, Ebelstraße 25a, 46242 Bottrop

w Buchung ausschließlich online: www.dasparkhotel.net   info@dasparkhotel.net

NORDRHEIN-WESTFALEN / **ESSEN**

Ruhrcamping 29

Niemand kann ruhig auf der Isomatte sitzen bleiben, wenn er hier sein Zelt aufgeschlagen hat. Man hält es noch nicht einmal auf der Holzbank aus, die vor dem roten Bauwagen »Rüttenscheid« steht. Und erst recht nicht innen drin, in einem der Bauwagen, in denen aus Camping »Glamping« wird. Man muss einfach schwimmen gehen.

Simone Bauer hat das »Glamping« ins Ruhrgebiet gebracht. »Glamping«? Der Begriff mag klingen wie ein asiatisches Reisgericht, er beschreibt jedoch eine wunderbare Kombination, die im Mutterland des Cool Camping erfunden wurde. »Glamourous Camping«, zusammengenommen »Glamping«, ist so etwas wie Luxus-Camping: In der Natur schlafen, ohne nass zu werden, ohne Heringe einzuschlagen und ohne nachts 100 Meter zur Toilette laufen zu müssen, in Badelatschen durch den Matsch.

Im Stadtteil Essen-Horst hat Simone Bauer am Ufer der Ruhr, die dem Bergbaugebiet im 18. Jahrhundert ihren Namen gab, einen alten Campingplatz gekauft. Sie begann damit, ihn nach und nach umzurüsten, von Camping auf Glamping. Heute stehen hier sieben Bauwagen, in Dunkelblau das Modell »Steele«, in Rosa »Bredeney«. Kein Wagen gleicht dem anderen, genauso wenig wie die Essener Stadtteile, nach denen die Bauwagen benannt sind. Auch innen hat jeder Bauwagen seinen eigenen Charakter – manchmal mit Etagenbett, einfacher Küche und Toilette, manchmal mit XXL-Liegewiese, für die sich selbst in den Flitterwochen niemand schämen müsste. »Zeit ist die Seele der Welt«, steht über einem der Betten an der Wand – es könnte das Motto von »Ruhrcamping« sein.

Ein altes Bootshaus ist Simone Bauers Rezeption. Sie ist neu im Geschäft, erst 2006 kaufte sie ihren Platz – aus Leidenschaft. Denn früher war hier einer der Stadtstrände von Essen: Die Menschen sprangen in die Ruhr, die stetig und kraftvoll vorbeifließt. Eine kleine Treppe führt hinunter auf den Steg. Simone Bauer hat hier selbst Schwimmen gelernt. Schwimmen? In der Ruhr, die der Zoologe August Friedrich Thiemann 1911 »eine braunschwarze Brühe« nannte, »die stark nach Blausäure riecht, keine Spur Sauerstoff enthält und absolut tot ist«?

Viel ist passiert seitdem. Der Fluss ist sauberer denn je, und wenn sich die Behörden auch noch immer nicht durchringen können, die Ruhr für Schwimmer freizugeben: Es ist eine Wonne, hier einzutauchen. Vom Steg am Campingplatz kann man den Fluss leicht durchschwimmen, immer schräg zur Strömung. Auf der anderen Seite lässt es sich über ein paar Steine herausklettern. Die Radfahrer auf dem Ruhrtalweg schauen ein wenig irritiert ob des halbnackten Passanten. Vier- bis fünfhundert Meter kann man in Badehose und barfuß am Flussufer hinauflaufen, bis zur alten Schleuse Horst:

NORDRHEIN-WESTFALEN / **ESSEN**

1774 erbaut, damit die Ruhr schiffbar wurde. Gegenüber summt und plätschert das Wasser durch das Kraftwerk Horster Mühle, um rund 2500 Haushalten Strom für ihre Glühbirnen zu produzieren.

Nicht zu dicht an Schleuse und Kraftwerk steigt man wieder in den Fluss. Mit ein paar Schlägen schwimmt man zurück in die Strömung. Langsam erfasst einen die Ruhr, sie nimmt Schwimmer auf und hält sie sicher umschlungen. Weiches Wasser, sauber und kühl. Es ist der Kontrast zum Fluss damals, der so fantastisch ist: früher verdreckt, eine Gosse der Industrialisierung, heute die grüne Lebensader des erwachten Ruhr-Tourismus. Der Fluss bringt den Schwimmer zurück zum kleinen Badesteg am Campingplatz und setzt ihn sanft dort ab.

Wer um diese Magie der Ruhr weiß, der kann nicht still sitzen bleiben am Ufer. Weder auf der Isomatte vor dem Zelt, noch auf der Bank vor dem Bauwagen. Es mag noch so schön sein beim »Glamping« an der Ruhr – wer hier zeltet oder einen Bauwagen bezieht, der muss schwimmen. Sofort.

SONNENSEITE: Fantastische Lage – mitten in der Stadt und doch im Grünen.
SCHATTENSEITE: Die Bauwagen sind schnell ausgebucht.
KOSTEN: Bauwagen 35–80 € zzgl. 10 € Endreinigung, Zeltplatz 10 €, Erwachsene 4 €, Kinder 3 €.
KLO & CO.: Noch rudimentär – düster und einfach.
ESSEN & TRINKEN: Fehlanzeige auf dem Platz – kein Kiosk!
STADTPROGRAMM: Essen war 2010 stellvertretend für das Ruhrgebiet »Kulturhauptstadt Europas«. Von den Kunstprojekten ist bis heute viel geblieben, neben Denkmälern der Industrialisierung wie dem UNESCO-Welterbe Zeche Zollverein.

LANDPARTIE: Der Ruhrtalradweg läuft gegenüber am anderen Ruhrufer – 230 km vom Sauerland bis Duisburg. Seit dem Kulturhauptstadtjahr stehen entlang der Ruhr 17 Kunstwerke.
ABENTEUER: Ballonfahrten übers Ruhrgebiet ab 160 € aufwärts, zum Beispiel mit dem Ballonclub Mühlheim an der Ruhr (www.ballonclub.de) oder Wupperballon (www.wupperballon.de).
GRILLFREI: Knut Hannappel hat die Kneipe seiner Eltern in Essen-Horst übernommen und daraus ein Gourmet-Restaurant gemacht. Nicht billig, aber sterneverdächtig. Die Michelin-Tester waren schon da (Restaurant Hannappel, Dahlhausener Str. 173, 45279 Essen, 0201 534506).

HIN & HER: Wer mit dem Auto kommt, wartet bitte am Parkplatz gegenüber der Ruhrdestille auf Susanne Bauer, die das Eingangstor öffnen muss. Vom Hauptbahnhof Essen mit der S3 in Richtung Hattingen bis Haltestelle Horst, von dort sind es noch ca. 15 min zu Fuß.
GEÖFFNET: April bis Oktober.
AUSWEICHQUARTIER: parkhotel.net (s. S. 119) oder eines der nahen Dauercamper-Paradiese: Horster Ruhrbrücke (In der Lake 24b, 45329 Essen-Horst, 0179 7942179, Nachricht@horster-ruhrbruecke.de) oder am Baldeneysee (Hardenbergufer 369, 45239 Essen, 0201 402007, www.camping-essen-scheppen.de).

Ruhrcamping, In der Lake 76, 45279 Essen

t 0178 1563910 w www.ruhrcamping.de   info@ruhrcamping.de

Rheincamping [30]

Es gibt wohl nicht viele Zeltplätze in Deutschland, auf denen der frühere Empfangschef eines Hilton-Hotels den Check-in übernimmt. Und es gibt wohl noch weniger Plätze, auf denen anschließend der frühere Chefsteward einer deutschen Fluggesellschaft den Weg zum eigenen Rasenstückchen weist. Und weil abends dann noch eine Cocktail-Bar lockt, wird man wohl nicht umhinkommen, diesen Platz »einzigartig« zu nennen. Am linken Rheinufer, gegenüber von Düsseldorf, spürt man die Professionalität der Eigner in fast jedem Grashalm.

Die Heimat von »Rheincamping Meerbusch« ist eine lange Wiese am Fluss, die der Rhein im Winter oft überschwemmt. Weil der Platz vor dem Deich liegt, muss er jedes Jahr im Herbst geräumt werden. Jedes Zelt, jeder Wohnwagen, jeder Toilettencontainer verschwindet. Sogar die Standbar »Tropicana« wird abgeschleppt – was man sich im Sommer nur schwer vorstellen kann. Denn auf den ersten Blick offenbart sich nicht, dass das Kleinod aus Containern besteht: Eine große Sandfläche mit Liegestühlen weckt Südsee-Gefühle, Bastmatten und eine Holzterrassen verbergen weiße Stahlwände.

Zudem lassen Hamburger Sausebrause, Mexiko-Bier und Karibik-Coktails schnell vergessen, dass »Rheincamping Meerbusch« durch und durch ein Dauercamper-Platz war – bis Markus Brix und Rainer Breitbach kamen. Beide ausgebildet im Hotelfach, der eine arbeitete im Hilton, der andere im Flugzeug, bevor sie sich zusammentaten: Auch privat verpartnert wagten sie den Neuanfang. 2005 übernahmen sie ein kleines Hotel am Chiemsee. Rainers Eltern (Rainer senior und Antonia) halfen mit. Doch irgendwann trieb es die gebürtigen Westdeutschen wieder zurück in die Heimat. Und weil Familie Breitbach jahrelang mit dem Wohnwagen geurlaubt hatte, übernahmen sie im Jahr 2008 kurzerhand den Campingplatz Meerbusch.

»Das ist nicht vergleichbar mit einem Hotel, es ist eine ganz andere Branche«, meint Rainer junior. »Hier herrscht ein anderer Ton.« Von einigen Dauercampern trennten sich die neuen Inhaber – sie wollten den Platz attraktiver für Kurzurlauber machen. »Das galt hier als Randalecamping, bevor wir eingestiegen sind«, erinnert sich Rainer. Nun machen die Besitzer drei Mal nächtens ihre Runde, um 22 Uhr, 1 Uhr und 4 Uhr, um die Nachtruhe zu sichern.

Seitdem ist Rheincamping Meerbusch auf gutem Weg zu »Cool Camping«. Dauercamper bewohnen den hinteren Teil der Rheinwiese, Zelte und Bullis haben vorn viel Platz. Abgegrenzte Parzellen gibt es nicht, und wer früh genug kommt und Glück hat, der kann seine Heringe direkt am Rhein einschlagen. Am Ufer gegenüber macht sich Düsseldorf breit, eine kleine Autofähre schippert ständig hin und her, hindurch durch die platten,

NORDRHEIN-WESTFALEN / **MEERBUSCH**

langen Binnenschiffe, die den Rhein hinab fahren – ein wunderbarer Blick von einem der besten Plätze im Westen.

Dass die Atmosphäre stimmt, liegt vor allem an den Inhabern: Sie arbeiten nicht nur zusammen, sie überwintern auch zu viert in Andalusien. Markus, Partner Rainer junior, Vater Rainer senior und Mutter Antonia. Wie das funktioniert, 365 Tage im Jahr? Man trifft sich einmal am Tag, bespricht, was ansteht, und dann betreut jeder, was er am besten kann: Der frühere Hilton-Empfangschef Markus die Rezeption, Ex-Steward Rainer Strandbar und Platz, und die Eltern helfen, wo Not am Mann ist.

Schade nur, dass kein Zimmermädchen mit im Team ist. Es wäre doch ein Traum, wenn morgens der Schlafsack aufgeschüttelt würde und abends Schokolade auf der Isomatte läge. Wie im Hilton.

SONNENSEITE: Eine feine Zeltwiese am Rhein mit Beach-Club.
SCHATTENSEITE: Das Publikum ist etwas gesetzter als auf anderen Cool-Camping-Plätzen.
KOSTEN: Je nach Saison zahlen Erwachsene 7,10–8,50 €, Kinder 3,50–4,50 €, Stellplatz 7 €, Strom 3,20 €.
KLO & CO.: Der Fußmarsch zum Container kann je nach Platz schon mal ein bisschen dauern.
ESSEN & TRINKEN: Im »Club Tropicana« gibt's Cocktail, Kuchen und Currywurst unter Palmen und Bastschirmchen.
STADTPROGRAMM: Die manchmal fantastischen Ausstellungen der Kunstsammlung Nordrhein-Westfalen (K20 und K21, www.kunstsammlung.de) in Düsseldorf sind eine Fähr- und Stadtbahnfahrt entfernt. Wer unterwegs eine Pause machen will, schaut sich die alte Reichsstadt Kaiserswerth auf der anderen Rheinseite an, mittlerweile ein Stadtteil von Düsseldorf.
LANDPARTIE: Teichmolch, Nachtigall und Fledermaus leben nahebei in der Ilvericher Altrheinschlinge (2 km entfernt), manchmal auch »Das Meer« genannt. Der verlandete Altarm des Rheins steht unter Naturschutz – eine sumpfige Auenlandschaft, fast ein Dschungel, in der Entdecker Tiere beobachten können.
ABENTEUER: Ab 1,30 m Körpergröße Kartrennen in der RS Speedworld für etwa 1 € pro Minute (ca. 25 km, Friedrich-Krupp-Straße 10, 41564 Kaarst, 02131 660700, www.gokart-online.de) – oder – für alle Körpergrößen – Skifahren im Sommer (ca. 15 km, An der Skihalle 1, 41472 Neuss, 02131 144-0, www.allrounder.de, etwa 30 € pro Tag).
GRILLFREI: »Im Schiffchen« auf der anderen Rheinseite kocht Zwei-Sterne-Gourmet Jean-Claude Bourgueil (Kaiserswerther Markt 9, 40489 Düsseldorf, 0211 401050, restaurant@im-schiffchen.de). Weniger ambitioniert und teuer (aber trotzdem lecker) isst man im »Haus Wellen« nahe dem Campingplatz (Zur Rheinfähre 6, 40668 Meerbusch-Langst/Kierst, 02150 2378, restaurant_cafe_haus_wellen@gourmetguide.com).
HIN & HER: Von der Stadtbahn-Station Klemensplatz in Kaiserswerth sind es knapp 2 km zur Rheinfähre. Der Campingplatz liegt gleich auf der anderen Seite. Wer mit dem Auto kommt, nimmt dieselbe Fähre oder die A57/A44, dann über Lank-Latum nach Langst-Kierst nach Meerbusch.
GEÖFFNET: April bis Oktober – je nach Wetter und Wasserstand.
AUSWEICHQUARTIER: Ruhrcamping Essen (s. Seite 123).

Rheincamping Meerbusch, Zur Rheinfähre 21, 40668 Meerbusch (Langst-Kierst)

| t | 02150 911817 | w | www.rheincamping.com | | info@rheincamping.com |

NORDRHEIN-WESTFALEN / **SCHLEIDEN**

Schafbachmühle 31

Flink laufen die Räder und drehen den Stein,
Klipp, klapp!
Und mahlen den Weizen zu Mehl uns so fein,
Klipp, klapp!

(»Die Mühle«, Anschütz/Reinecke 1824)

Wer in die Knie geht und sich hinabbeugt zum Schafbach, der spürt die Kraft des kleinen Flüsschens. Einst trieb es hier am Campingplatz eine Mühle an, bis in die 60er Jahre. Der Schafbach-Müller mahlte das Getreide der umliegenden Felder. Und für jeden Sack behielt er ein Kilogramm zurück für seine Arbeit. So war das damals.

Heute ist die Mühle verschwunden, nur ihr Name ist geblieben. Der Opa des heutigen Besitzers Jens Wagner kaufte das Gelände in den 60er Jahren, als die Mühle verfiel. Aus einem Dschungel voller zwei Meter hoher Brennnesseln machte er nach und nach einen Campingplatz. Wichtig war ihm, nicht zu sehr in die Natur einzugreifen. Und das ist bis heute so geblieben.

Die Schafbachmühle bietet eine gelungene Mischung – mit ausreichend Platz für unterschiedliche Interessen: Zelturlauber finden eine sattgrüne Wiese im Schatten alter, hoher Bäume. Außer Sichtweite, am bewaldeten Hang nebenan, wohnen die Dauercamper. 70 km von Köln und 50 km von Aachen ist die Schafbachmühle kein spektakulärer Platz, sondern ein kleines, feines Idyll im Grünen. Ein paar Tage lang kann man hier gut ausspannen und fünfe grade sein lassen. Klipp, klapp, klipp, klapp!

SONNENSEITE: Eine kleine Wiese, ruhig und friedlich – abseits der Touristenströme.
SCHATTENSEITE: Es gibt nicht viele Plätze auf der schönen Wiese – möglichst von zu Hause buchen.
KOSTEN: Erwachsene 4 €, Kinder 3 €, Zelt und Bulli 5–7 €, Strom 1,50 € plus 0,45 € pro kWh.
KLO & CO.: Einfach und zweckmäßig.
ESSEN & TRINKEN: Das Nötigste zum Frühstück gibt's an der Rezeption, im kleinen Restaurant wird gutbürgerlich gekocht.
STADTPROGRAMM: Bad Münstereifel (35 km) gilt als mittelalterliches Kleinod – die Stadtmauer ist fast vollständig erhalten.
LANDPARTIE: Direkt am Campingplatz verläuft die Rur-Olef-Wanderroute, die durch den Nationalpark Eifel und zur Olef-Talsperre führt.
ABENTEUER: Erd- und Bergbaugeschichte erzählt das Besucherbergwerk »Grube Wohlfahrt« in Hellenthal-Rescheid (Führungen täglich um 11, 14 und 15.30 Uhr, 53940 Hellenthal-Rescheid, 02448 911140, www.grubewohlfahrt.de).
GRILLFREI: Die Taverne Samos in Schleiden (Sleidanusstr. 8, 53937 Schleiden, 02445911175) gehört zu den besseren griechischen Restaurants – das Lamm schmeckt lecker!
HIN & HER: Die nächsten Bahnhöfe sind in Kall und Bad Münstereifel. Mit dem Auto aus Richtung Aachen über die B258 Richtung Monschau, nach 3,5 km rechts Richtung Schafbachmühle. Aus Richtung Köln über die A1 bis Euskirchen-Wißkirchen, dann die B266 bis Schleiden, weiter über die B258 Richtung Monschau. Rechts nach 3,5 km Richtung Schafbachmühle.
GEÖFFNET: Ganzjährig.
AUSWEICHQUARTIER: Direkt am Freibad Schleiden wird konventionell gecampt: Campingplatz Dieffenbachtal, Im Wiesengrund 39, 53937 Schleiden/Eifel (02445 7030, info@camping-dieffenbach.de).

Naturcampinganlage Schafbachmühle, 53937 Schleiden

| t | 02485 268 | w | www.schafbachmuehle.de | @ | info@schafbachmuehle.de |

NORDRHEIN-WESTFALEN / **MONSCHAU**

Camping Perlenau 32

Die Namen sind hier Programm: »Perlenau« steht für die Flussaue entlang des Perlenbachs, auf der Camper ihre Zelte aufschlagen dürfen. Eine große, von hohen, alten Bäumen eingefasste Wiese, ohne Parzellen, Hecken oder Gartenzwerge. Auch Bullis dürfen hier parken. Für Wohnwagen gibt es im oberen Teil ein paar terrassierte Plätze, aber davon bekommt man auf der Zeltwiese wenig mit.

Besonders schön angelegt sind Sanitärhaus und das kleine Restaurant: Zwischen den roten Backsteinmauern der beiden Gebäude liegt ein schmaler Gang, der an die engen Gässchen einer Altstadt erinnert. Tische und Stühle warten auf Kaffeeschlürfer und Essensgäste.

Josepha und Günther Rasch, die den Platz in zweiter Generation betreiben, liegt die Atmosphäre sehr am Herzen. Das spürt man überall, auch auf der Zeltwiese. An deren Südseite plätschert der Perlenbach fröhlich talwärts: zu flach, um ein Bad zu nehmen, aber perfekt, um Dämme zu bauen oder zu kneippen. Und mit ein wenig Glück findet man einen kleinen Schatz. Denn wie gesagt – die Namen sind hier Programm. Und der Perlenbach verdankt seinen schillernden Titel der Flussperlmuschel, die hier vor Jahrhunderten in Massen vorkam. Heute ist sie vom Aussterben bedroht.

Eine Seltenheit ist auch Camping Perlenau – eine kleine Perle unter Deutschlands Zeltplätzen.

SONNENSEITE: Eine Zeltwiese, wie sie im Cool-Camping-Buche steht: grün, groß und frei.
SCHATTENSEITE: Die Bundesstraße rauscht vernehmlich oberhalb des Campingplatzes.
KOSTEN: Kinder 3 €, Erwachsene 5 €, Zelte 5 €, Bullis 7–9 €.
KLO & CO.: Die Sanitäranlagen sind gut in Schuss. Im Sommer gibt's ein kleines Schwimmbecken.
ESSEN & TRINKEN: Im Restaurant gibt's morgens frische Brötchen, abends Thunfisch auf Kartoffelrösti. Der kleine Laden verkauft das Nötigste – und Eis!
STADTPROGRAMM: In 20 min. läuft man ins schmucke Städtchen Monschau mit altem Brauhaus und Kaffeerösterei. 30 km weiter lockt Aachen mit Dom, Rathaus, Grashaus und gotischem Haus Löwenstein.
LANDPARTIE: Der Campingplatz liegt an der dritten Etappe des Eifelsteigs, einer 300 km langen Wanderstrecke zwischen Aachen und Trier. Zwischen Monschau und Einruhr geht's ständig auf und ab (rund 280 Höhenmeter), auf schönen Wegen, mit tollen Ausblicken.
ABENTEUER: Die Sommerbobbahn in Rohren (Rödchenstr. 37, 52156 Monschau-Rohren, 02472 4172, info@sommerbobbahn.de) dürfen auch Erwachsene hinabschießen – über 700 m geht's runter vor der beschaulichen Schleppfahrt bergauf.
GRILLFREI: Schnitzel, Steak und Forelle in allen erdenklichen Variationen gibt's nach 5 min Fußmarsch im Hotel Perlenau (Perlenau 1, 52156 Monschau, 02472 2228, info@hotel-restaurant-perlenau.de).
HIN & HER: Der Campingplatz Monschau-Perlenau liegt an der B258 zwischen Monschau und Höfen. Der nächste Bahnhof liegt in Aachen.
GEÖFFNET: 10 Tage vor Ostern bis Ende Oktober.
AUSWEICHQUARTIER: Naturcamping Schafbachmühle, s. S. 133.

Camping Perlenau, 52156 Monschau

| t | 02472 4136 | w | www.monschau-perlenau.de | | familie.rasch@monschau-perlenau.de |

NORDRHEIN-WESTFALEN / **MONSCHAU**

RHEINLAND-PFALZ / **MANDERSCHEID**

Vulkaneifel 33

Wer zum Campingurlaub in der Vulkaneifel aufbricht, der wird beunruhigt feststellen, dass dieser Abschnitt der Eifel als »vulkanisch aktiv« gilt: Gase treten aus, Mineralquellen sprudeln, und Geysire spritzen unvermittelt, wenn auch nur kaltes Wasser. Der »Brubbel« beispielsweise stößt keine 15 Kilometer vom Campingplatz entfernt alle 35 Minuten eine Fontäne aus. Uns Camper stellt das vor drei entscheidende Fragen:

1. Werden sich unsere Heringe biegen, weil wir sie in heiße Vulkanerde einschlagen?
2. Werden Würstchen schon gar, wenn man sie nur aufs Gras legt?
3. Müssen wir täglich duschen, weil wir ständig nach Schwefel riechen?*

Immerhin gibt es ansehnliche Duschen auf dem Campingplatz Vulkaneifel, sowohl für Freunde des kollektiven Duscherlebnisses im Waschraum als auch für die Speerspitze des Cool Campings – in kleinen, hypermodernen Container-Solozellen (gegen Aufpreis). Familie Moritz, der der Platz gehört, bemüht sich eben sehr um uns Camper: Es gibt rund 70 große Stellplätze unter hohen Bäumen, nebeneinander gereiht auf vier Terrassen am Hang. Wer oben an der Einfahrt ankommt, darf sich zuerst seinen Platz aussuchen, bevor er hinabsteigt in Richtung Rezeption. Es ist nur ein Detail, aber ein schönes: Erst kommt der Zeltplatz in seinem üppigen Grün und dann die Rezeption mit ihren Formalitäten.

Auf dem Weg zum Check-in wird man bunte Hütten passieren – denn neben dem Campingplatz betreibt Familie Moritz ein Feriendorf, in dem vor allem Kinder ihre (Schul-)Freizeiten verleben. Es ist die Passion dieser Familie, Menschen jeden Alters für die einzigartige Natur der Eifel zu begeistern: Urlauber bekommen schon am ersten Tag ungefragt eine Wanderkarte in die Hand gedrückt, auf der die Wege zu den nächsten Maaren eingezeichnet sind – den charakteristischen Kratern der Vulkaneifel, die einst durch Wasserstoff-Explosionen entstanden sind.

Senior-Chef Wolfgang Moritz ist überzeugter Anthroposoph. Er begreift die Landschaft, in der sein Campingplatz liegt, als reichen Schatz, den er behütet. Als Grüner Politiker sitzt er im Gemeinderat und kämpft gegen den Lavaabbau. Er erreichte beispielsweise, dass der nahe Mosenberg komplett unter Naturschutz gestellt wurde. Man wäre gern dabei, wenn Familie Moritz zu Abend isst. Denn Ehefrau Hildegard engagiert sich für die SPD – und die Interessen der beiden sind sicher nicht immer dieselben. Auch Sohn Jan ist mittlerweile ins Unternehmen eingestiegen. Er teilt mit seinen Eltern die Leidenschaft für die Nähe zur Natur – auf absehbare Zeit wird der Campingplatz in der

*Lösungen – bitte umblättern

RHEINLAND-PFALZ / **MANDERSCHEID**

Vulkaneifel also ein besonderes Plätzchen auf dieser Erde bleiben, mit viel Raum zum Toben, einem Volleyball- und einem Badmintonfeld sowie einem großen Spielplatz.

Zur Beruhigung noch dieses: Beim Campingspaß auf dem Vulkan wird sich zunächst kein Cool-Camping-Leser verbrennen (das hoffen wir zumindest für die erste Auflage). Der letzte Ausbruch in der Eifel liegt 13.000 Jahren zurück. Damals explodierte der Laacher-See-Vulkan spektakulär mit viel Lärm, Lavafetzen und Aschewolken. Für Geologen allerdings sind 13.000 Jahre nicht viel mehr als ein Lidschlag, und sie meinen, dass der spektakuläre Ausbruch damals der Auftakt zu einer neuen Episode von Vulkanausbrüchen sein könnte. Also: Vorsichtshalber Fotoapparat und lavafeste Schuhe einpacken. Und vielleicht ein paar Ersatzheringe, sollten die sich in der heißen Erde doch verbiegen. Nur bis zum nächsten Ausbruch gelten hiermit folgende Antworten:

1. Eher nicht.
2. Leider nein, aber Grills sind erlaubt.
3. Zum Glück nicht, aber Duschen schadet nicht.

SONNENSEITE: Großer, naturbelassener Campingplatz im Zentrum der Vulkaneifel.
SCHATTENSEITE: Das Feriendorf auf dem Gelände zieht viel Kindertrubel an – aber auch Kinderlose finden ein ruhiges Eckchen.
KOSTEN: Kinder 1-4 €, Erwachsene 7 € (inklusive Kurtaxe), Stellplatz 5–9 €, Strom 2,50 €.
KLO & CO.: Nichts Besonderes – Camper teilen sich die Anlagen mit Feriendorfgästen. Neu sind die Einzeldusch- und Waschkabinen, die aber zusätzlich Geld kosten. Ebenso Waschmaschine und Trockner.
ESSEN & TRINKEN: Die Rezeption verkauft das Nötigste, und im Gemeinschaftsraum gibt es Bio-Essen zu festen Zeiten.
STADTPROGRAMM: Daun (16 km) ist die eher unspektakuläre Hauptstadt der Vulkaneifel mit drei eigenen Maaren, Vulkanmuseum und eigenen Mineralquellen. Trier (56 km) und Koblenz (80 km) verbindet die Moselweinstraße – Prosit.
LANDPARTIE: Touristenmagnet der Umgebung ist das Meerfelder Maar, mindestens 30.000, nach neuesten Erkenntnissen wahrscheinlich aber schon 80.000 Jahre alt, entstanden durch eine gewaltige unterirdische Explosion. Zum Maar führt vom Campingplatz eine schöne Wanderung, die Karte gibt's an der Rezeption. Oder der Maare-Moselradweg – er verläuft auf einem alten Bahndamm mit maximal 3 % Steigung.
ABENTEUER: Wer das Land der Vulkane querfeldein mit dem Mountainbike erobern will, freut sich über www.trailpark.de – mit Routen, Tipps, GPS-Daten und Angeboten für geführte Touren rund um Manderscheid.
GRILLFREI: Eifelhonig, Senf, Ziegenkäse und andere Spezialitäten aus der Region bekommt man auf dem Vulkanhof in Gillenfeld (Vulkanstraße 29, 54558 Gillenfeld, 06573 9148, info@vulkanhof.de).
HIN & HER: Der Bahnhof Manderscheid liegt einen Fußmarsch entfernt (ca. 500 m). Mit dem Auto über die Autobahn A48/A1, Ausfahrt Manderscheid, der Hauptstraße bis zum Kreisel folgen, geradeaus in Richtung Daun, hinter dem Ort die 1. Einfahrt links, dann den Schildern folgen. (Achtung – es gibt in der Eifel zwei Manderscheids – dieses gehört zum Kreis Bernkastel-Wittlich!)
GEÖFFNET: 1. April bis 31. Oktober.
AUSWEICHQUARTIER: Konventioneller geht's bei Pulvermaarcamping zu – aber direkt am Kraterrand, mit Bademöglichkeit im Maarsee (Am Pulvermaar 1, 54558 Gillenfeld, 06573 311, info@pulvermaarcamping.de).

Naturcamping Feriendorf Moritz, Vulkaneifel, Herbstwiese, 54531 Manderscheid

t 06572 92110 w www.vulkan-camping.de   info@vulkan-camping.de

RHEINLAND-PFALZ / **PÜNDERICH**

Campingplatz Moselland 34

Nicht nur, dass Pünderich in den 90er Jahren den spießigsten Schönheitswettbewerb der Republik gewonnen hat – Landessieger bei »Unser Dorf soll schöner werden«. Hinzu kommt ein Geräusch, das coole Camper erstarren lässt: der ratschende Zug am Drahtseil, das Aufheulen des Benzinmotors. Auf dem Campingplatz Moselland mähen Dauercamper regelmäßig ihre Parzellen. Über die Höhe der Grasnarbe wachen eifrige Gartenzwerge.

Wer sich davon nicht abschrecken lässt, der kann ein kleines Stückchen Vorgartenidyll erobern: Denn der Platz liegt direkt an der Mosel, keine Straße oder Bahnstrecke trennt ihn vom Fluss. Und der schmale Uferstreifen am Wasser gehört nicht den Stammgästen, sondern den Zelturlaubern. Wer also rechtzeitig kommt, der darf seine Heringe im Vorgarten der Wohnwagen-Burgherren einschlagen und (wenn er in die richtige Richtung schaut) einen fantastischen Blick genießen: auf die steilen Mosel-Hänge gegenüber, auf Rebstöcke und auf die Bögen von Deutschlands längstem Eisenbahn-Hangviadukt – ein mächtiges Panorama. Ein Campingplatz für den zweiten Blick – nicht der coolste der Republik, aber sicher einer der schönsten an der Mosel.

SONNENSEITE: Camping direkt an der Mosel, mit Blick auf Weinberge und Marienburg.
SCHATTENSEITE: Euer Zelt steht im Vorgarten der Gartenzwerg-Mafia.
KOSTEN: Kinder 3,50 €, Erwachsene 4,50 €, Zelt und Bulli 7–10 €, Strom einmal 1 €, 0,55 € pro KwH.
KLO & CO.: Der Sanitärblock liegt in der Mitte des Platzes – ein paar Schritte zur Dusche.
ESSEN & TRINKEN: Der kleine Kiosk verkauft frische Brötchen, Butter, Eier, Käse und Zeitungen, der Imbiss nebenan Pommes & Co.
STADTPROGRAMM: Augusta Treverorum (na, klingelt's noch? Trier, 60 km entfernt!) wurde vor über 2000 Jahren gegründet – die älteste Stadt Deutschlands mit römischen Baudenkmälern ohne Ende – Amphitheater, Barbarathermen, Kaiserthermen, Porta Nigra und Römerbrücke.

LANDPARTIE: Zwischen Koblenz und Trier fahren noch sieben Fähren über die Mosel. Zwei lassen sich vom Campingplatz aus erwandern (Rundtour etwa 90 min) – die Briedeler und die Pünderich Fähre.
ABENTEUER: Mit dem eigenen Auto auf den Nürburgring (60 km, 53520 Nürburg, 02691 30150) oder im Kart den kleinen Bruder bezwingen: Der »Hunsrückring« (55483 Flughafen Hahn, 06543 509950, hrh-racingteam@hunsrueckring.de) am Ryan-Air-Flughafen Hahn liegt nur 25 km entfernt.
GRILLFREI: Die Winzerküche der Straußwirtschaft Damm kocht Region pur, dazu gibt's Riesling, Weiß- und Spätburgunder vom eigenen Gut (Bahnhofstraße 4, 56862 Pünderich, 06542 2805, info@alfred-dahm.de).

HIN & HER: Pünderich liegt nur 35 km entfernt vom Flughafen Hahn (Ryanair und Wizzair fliegen in mehr als 50 europäische Städte, perfekt, um Freunde aus dem Ausland zu treffen). Der nächste Bahnhof liegt in Reil auf der anderen Moselseite (ca. 3 km). Mit dem Auto über die A61, Abfahrt Emmelshausen, dann B327 bis Abfahrt Zell (B49), an der Kreuzung in Zell Richtung Trier/Traben-Trarbach, 2. Abfahrt Pünderich – gleich links.
GEÖFFNET: April bis Oktober.
AUSWEICHQUARTIER: Direkt an der Pündericher Fähre liegt der Campingplatz Marienburg (Moselallee 3, 56862 Pünderich, 06542 969242, anmeldung@campingplatz-marienburg.com) – nicht ganz so schön, aber schön genug.

Campingplatz Moselland, Im Planters, 56862 Pünderich

t 06542 2618 w www.campingplatz-moselland.de info@blindtext.de

HESSEN / **GREIFENSTEIN-ALLENDORF**

Outdoorzentrum Lahntal [35]

Als der Schreinermeister Manfred Köhnlein seinen ersten Bauwagen in ein Waldstück südlich von Allendorf im Lahn-Dill-Kreis zog, da belächelten ihn Anwohner, Lokalpolitiker und Geschäftsleute. Einen vergammelten Märchenwald hatte er gekauft. »Was will der Penner damit?«, hätten sich manche gefragt, erinnert sich Manfred. Als aber Jahre später im Fernsehen der zweite Bericht über ihn und sein »Outdoorzentrum Lahntal« lief, da wurde Manfred als Lokalheld gefeiert. Denn in der Zwischenzeit war viel passiert.

Das Outdoorzentrum Lahntal ist fleisch-, besser: holzgewordene Fantasie. »Ich packe meine Säge, gehe in meinen Wald und fange an zu bauen«, sagt Manfred. Zwölf Jahre lang hat er gezimmert und gewerkelt, und vor allem hat er geglaubt, an sich und seine Idee: Er wollte einen Platz schaffen, an dem er selbst mit seiner Familie in der Natur leben kann. Und er wollte einen Platz schaffen, an dem er dieses Erlebnis mit anderen Menschen teilen kann.

Und so müssen Autos heute draußen bleiben, wenn ihre Fahrer das Outdoorzentrum besuchen. Vom Parkplatz an der Straße schlängelt sich ein Weg hinauf zum Herzstück des Areals – drei Holzhäuser unter hohen Bäumen. In einem lebt Manfred mit seiner Familie, im zweiten betreibt er ein in der Umgebung beliebtes Restaurant. Im dritten kann unter Glaskuppeln, im grünen Waldlicht, gefeiert oder beraten werden – der Raum wird für Feste und Seminare vermietet.

Von dieser kleinen Waldsiedlung führt ein Pfad noch weiter durch den Wald, ein paar Meter hinab an den Rand einer Wiese – ein schöner Ort für Manfreds Tipidorf: Zur Hälfte unter hohen Bäumen, die übrigen Indianerzelte stehen auf einer kleinen Lichtung. Außer Bäumen und der kleinen Wiese nebenan sieht man nichts – nur Natur pur.

Gruppen und Familien finden hier den perfekten Ort für ein Abenteuerwochenende im Wald, mit Lagerfeuer und Sternhimmel. Alleinreisende und Pärchen könnten sich in der Nebensaison ein wenig verloren vorkommen, denn Zelte oder Bullis haben keinen Platz im Outdoorzentrum – ein reines Tipidorf, ganz konsequent. Vielleicht funktioniert es deshalb so gut. Denn die belächelte Idee eines Schreinermeisters ist heute gefragt: Unternehmen wie die Europäische Zentralbank, die Lufthansa oder der Supermarkt-Gigant Rewe schicken ihre Mitarbeiter zum Seminar in Manfreds Wald. Er lebt mit ihnen das wilde Leben, samt Hochseilabenteuer, Bogenschießen und Floßbau. Als Urlauber kann man davon so viel oder so wenig miterleben, wie man möchte.

Es lohnt sich, ein paar Stunden mit Manfred zu verbringen. Denn er kennt seinen Wald wie kein anderer. Überall stehen kleine Figuren, die er geschnitzt und gezimmert hat – Adler, Holztipis, Totempfähle. Und außer

HESSEN / **GREIFENSTEIN-ALLENDORF**

ihm kann auch niemand so spannend vom Leben erzählen, dass er konsequent in seinem Wald lebt: Sogar seine Kinder unterrichtet Manfred selbst, zu Hause – was nur erlaubt wird, weil sie zur Hälfte amerikanische Staatsbürger sind.

Denn Manni hat Sanni geheiratet, die in den USA die Hollywood-Prominenz mit Naturkleidung ausstattet. Carrie-Anne Moss zum Beispiel trägt die Mode der Ehefrau des Mannes, den in Deutschland einige noch immer als seltsamen Außenseiter betrachten. Wenn aber die Hollywood-Freunde in Hessen einfliegen, dann bewundern sie Schreinermeister Manfred Köhnlein uneingeschränkt für sein kleines Naturwunder, das er in einem hessischen Wald geschaffen hat. Und für die Konsequenz und den Mut, mit denen er sein Leben im Wald lebt.

SONNENSEITE: Ein reines Tipidorf im tiefen Wald.
SCHATTENSEITE: Keine Zelte, keine Bullis.
KOSTEN: Kinder 12 €, Erwachsene 16 € – Schlafsack mitbringen!
KLO & CO.: Indianer müssen bergauf kraxeln, um am nahen Restaurant ihre Geschäfte zu verrichten.
ESSEN & TRINKEN: Manfreds Gaststätte verkauft Frühstück, Mittag- und Abendessen sowie Kaffee und Kuchen. Indianer, die sich selbst versorgen wollen, sollten jedoch das Nötigste einkaufen (ca. 3 km zum nächsten Supermarkt in Allendorf).
STADTPROGRAMM: Die Altstadt von Wetzlar mit Butter-, Fisch-, Korn- und Eisenmarkt (was da wohl verkauft wurde?) ist gut erhalten und hübsch (23 km).

LANDPARTIE: 10 km nördlich liegt Burg Greifenstein, die höchste Burg im Lahn-Dill-Kreis, mit schöner Aussicht über das Dilltal.
ABENTEUER: Hochseilgarten sowie Kanu- und Eselswanderungen bietet Manfreds Outdoorzentrum an. Wer höher hinaus will: Der Deutsche Alpenverein hat in Wetzlar einen sehr coolen Kletterwürfel gebaut (Cube-Kletterzentrum, Sportparkstraße 1, 35578 Wetzlar, 06441 4494350, info@cube-kletterzentrum.de).
GRILLFREI: Die Outdoor-Gaststätte mit Urwald-Optik kocht Rindswurst, Steak und Ofenkartoffeln. Frühstück vom Buffet kostet 6,50 € (Kinder) / 9 € (Erwachsene).
HIN & HER: Vom Bahnhof Wetzlar fährt Bus 125 direkt zur Haltestelle »Outdoorzentrum Lahntal«. Mit dem Auto über die B49 bis Biskirchen, dann Richtung Allendorf. Oder A 45, Abfahrt Ehringshausen, dann über Katzenfurt und Allendorf.
GEÖFFNET: Ganzjährig.
AUSWEICHQUARTIER: Lahntours (Lahntalstraße 45, 35096 Roth, 06426 92800, info@lahntours.de) betreibt zwei kleine Zeltwiesen in Runkel (26 km) und direkt am Ufer der Lahn (13 km) – perfekt für Kanuwanderer. Auch der Platz in Gräveneck (20 km, In der Aue 1, 06471 490320, camping-graeveneck@web.de) hat eine eigene Zeltwiese.

Outdoorzentrum Lahntal, Märchenpark 1, 35753 Greifenstein-Allendorf

t 06473 412555 w www.outdoorzentrum-lahntal.de @ info@outdoor-zentrum-lahntal.de

HESSEN / **TRENDELBURG**

Hofgut Stammen [36]

Es begann damit, dass er Platz brauchte, um an seinen Motocross-Maschinen herumzuschrauben: Jörg Valtingojer war in jungen Jahren eher kein Kandidat für ruhige Angelwochenenden mit Spaziergang in der Natur. Er war ein Adrenalin-Junkie, der den Nervenkitzel suchte. Mit zwölf Jahren lernte er in seiner Heimat Tirol, Motorrad zu fahren – und er sollte fortan nicht mehr viel anderes machen. In ganz Europa raste er als Rennprofi auf die vorderen Ränge. Er kachelte durch WM-Läufe in Spanien und Frankreich, doch in Deutschland fand er schließlich eine Heimat für sich und seine zweirädrigen Freunde.

1990 kaufte er ein verfallenes Hofgut an der Diemel, einem hübschen Nebenfluss der Weser in Hessen an der Grenze zu Niedersachsen. Stallungen, Gebäude – alles war verfallen. Doch die Lage war derart schön, dass Jörg nicht lang nachzudenken brauchte, um die Zukunft des Hofgutes zu sehen: Es war das perfekte Ausflugsziel für Kurzurlauber. Und ein schönes Örtchen für einen Campingplatz am Flussufer.

Ohne Zäune und Schlagbäume liegt die sattgrüne Zeltwiese heute zwischen den dicken Steinmauern des Hofguts und dem friedlichen Fluss. Ein an den Seiten offenes Zirkuszelt dient als Campertreff mit Feuerstelle. Und als Nachtparkplatz für Motorräder, die Jörg noch immer am Herzen liegen. Am anderen Ende der Wiese stehen einige Tipis, deren Anblick Indianer vermutlich den Glauben an den großen Manitou verlieren lassen würde: Es sind wenig charmante Holzkonstruktionen. Für Radfahrer sind sie vielleicht praktisch, wenn sie ein warmes Plätzchen für die Nacht suchen und ohne Zelt unterwegs sind – aber schön sind sie nicht.

Das Hofgut Stammen ist mehr als ein Campingplatz: Jörg Valtingojer rühmt sich, eines der ersten Heuhotels in Deutschland eröffnet zu haben. Die Idee kam ihm, als er in seiner Jugend (in einer kurzen Pause vom Motocross-Dasein) als Wanderarbeiter durch Australien zog und auf vielen Farmen nachts auf Strohsäcken in der Scheune schlief. An der Diemel betreibt er heute zudem eine rustikale Gaststätte, in der auch große Gruppen bewirtet werden. Und so brummt das Hofgut an den Wochenenden.

Die Umgebung bietet viel: Im Norden liegt das Obere Wesertal. Bei Wahmbeck schiebt der schmale Strom eine kleine, blumengeschmückte Fähre am Drahtseil über den Fluss – Idylle pur. Ein paar Kilometer dahinter beginnt der Naturpark Solling mit seinen riesigen Wäldern. Bad Karlshafen liegt nahebei, ebenso die Universitätsstadt Göttingen und die documenta-Stadt Kassel.

Doch wer etwas erleben will, der muss nicht weit fahren. Auf seinem Hofgut bietet Jörg Enduro-Kurse an, er organisiert geführte Kanutouren, Mountainbike-Ausflüge und Bogenschießkurse. Das Karriereende als

HESSEN / **TRENDELBURG**

Motocross-Profi mag irgendwann unvermeidlich gewesen sein, doch zur Ruhe gesetzt hat sich der Abenteurer nicht: Jörg ist heute der Verwalter eines Erlebnishofes, ein moderner Gutsherr.

Genug Platz hat er noch immer, um an seinen Maschinen herumzuschrauben – aber das ist nur noch Nebensache. Vor allem verschafft Jörg heute anderen Adrenalin pur – wenn sie denn wollen. Den übrigen Urlaubern bietet er ein schlichtes, schönes Campingwochenende am Diemelufer – als ehemaliger Motocross-Profi ist er dabei sicher einer der ungewöhnlichsten Gastgeber im ganzen Land.

SONNENSEITE: Einer der günstigsten Plätze im Land – und schön gelegen dazu am Flüsschen Diemel.
SCHATTENSEITE: Am Wochenende kann's etwas wuselig und laut werden – das Gut ist ein beliebtes Ausflugsziel, und die Gaststätte brummt.
KOSTEN: Kinder 4,50 €, Erwachsene 6,50 €.
KLO & CO.: Sehr einfach, etwas duster, einen kleinen Fußmarsch entfernt.
ESSEN & TRINKEN: Die »Landwirtschaft« Huckebein, die gutseigene Gaststätte mit überdachtem Biergarten, kocht deftig und gut vom Spanferkel bis zum Pasta-Buffet. Frühstücksbuffet gibt's für 4,50 € (Kinder) bzw. 7,50 € (Erwachsene).
STADTPROGRAMM: Schloss Wilhelmshöhe in Kassel (35 km) und die Universitätsstadt Göttingen (50 km) sind eine Autofahrt entfernt.
LANDPARTIE: Wer herausfinden möchte, warum der Erdboden die Reinhardswald-Riesin Trendula verschlang und wie die riesigen Erdfälle in der Nähe wirklich entstanden, sollte diemelabwärts zu den Wolkenbrüchen von Trendelburg wandern (ca. 7 km) – imposante Einsturztrichter mitten im Wald. Etwas weiter gen Norden liegt das Wasserschloss Wülmersen.
ABENTEUER: Das Hofgut bietet geführte Kanu-, Fahrrad- und Mountainbike-Touren an. Außerdem kann man traditionelles Bogenschießen lernen.
GRILLFREI: Hinter dicken Burgmauern kann man bei schöner Aussicht im Hotel »Burg Trendelburg« speisen – Reinhardswälder Reh, Wiener Schnitzel oder Trendelburger Ritterspieß, allerdings zu gehobenen Preisen (Steinweg 1, 34388 Trendelburg, 05675 9090, info@burg-hotel-trendelburg.com).
HIN & HER: Der nächste Bahnhof ist »Hofgeismar-Hümme«, der Bus (Linie 180 RKH) hält an der Bundesstraße B83 in Stammen. Mit dem Auto aus Süden über die Bundesstraße 83 oder über die A7, Abfahrt Nörten-Hardenberg, dann über Hardegsen und Bad Karlshafen.
GEÖFFNET: Ganzjährig.
AUSWEICHQUARTIER: Der Campingplatz Gieselwerder (ca. 18 km, In der Klappe 21, 34399 Oberweser–Gieselwerder, 05572 7611, info@camping-gieselwerder.de) liegt nicht nur an der Weser, sondern auch an einem beheizten Freibad.

Hofgut Stammen, Schloßstraße 29, 34388 Trendelburg

| t | 05675 725094 | | www.hofgut.de | | info@hofgut.de |

Burg Wallenstein

Manchem Feldherrn wird beim ersten Anblick etwas flau im Magen geworden sein. Wie sollte er diese Burg jemals einnehmen? In 350 Meter Höhe trotzt sie allen Angriffen: Gebaut auf einem Bergsporn, der nach drei Seiten steil abfällt, zur vierten Seite erhebt sich der Berg Babloh. Ganz gelassen hockt die kleine Burg dort oben, fast rechteckig. Im Nordosten wurden ihre Mauern noch verstärkt – denn nur von hier könnte man sich ihr überhaupt nähern, nach einem längeren Aufstieg.

Auch auf Campingurlauber wartet dieser Weg: Den Hang hinauf (notfalls auch mit dem Auto), vorbei an manchem Dauercamper-Gut samt Jägerzaun und Gartenzwerg, bis sich schließlich unter den dicken Außenmauern der Burg eine Wiese öffnet. Früher stand hier die alte Vorburg – nur einige Mauerreste sind übrig geblieben von den Gebäuden, in denen das Gesinde arbeitete und schlief. Wer möchte, kann sein Zelt schon hier aufschlagen – für Bullis ist hier Endstation.

Weiter nach oben in die Kernburg führt nur der Weg über die Rampe des engen Torzwingers. Mauern an beiden Seiten verhinderten, dass sich ein ungebetener Gast an den Wachen vorbeimogelte. Oben schüchtert Besucher noch ein gotischer Torbogen ein, bevor sie schließlich auf dem Burghof stehen. Einst wimmelte hier das Leben vor dem Palas-Bau, dem Haupthaus, in dem sich der Burgherr präsentierte. Heute liegt dieser Palas in Trümmern, und auf dem Burghof wächst heringsfreundliches Gras: ein perfekter Platz für Zelte.

Und das ist das Besondere an Burg Wallenstein: Die Wege sind nicht abgesperrt wie im Museum. In jeder Ecke dieser Ruine könnte man sein Zelt aufschlagen – ein atemberaubender Platz, von dicken Burgmauern beschützt, und doch auf weichem Gras unterm Sternenhimmel. Wo kann man schon Zelturlaub im Mittelalter machen – inklusive moderner Annehmlichkeit? Denn unten, am Fuß des Bergsporns, liegt noch auf dem Gelände des Zeltplatzes das Naturfreibad von Wallenstein, mit Rutsche und Gummitieren. Es empfiehlt sich, vor dem Sprung ins Wasser die Ritterrüstung abzustreifen.

Das runde Becken ist nicht die einzige Abwechslung vom Burgalltag: Der Knüllwald in Nordhessen war auch die Heimat der Gebrüder Grimm. Der Tourismusverein nennt die Region daher ganz subtil das »Rotkäppchenland«. Kleid und Mützchen aus rotem Samt trug indes nicht nur die junge Dame, die der böse Wolf zu Mittag aß. Auch die traditionelle Tracht in Nordhessen sieht so aus. Wer Märchen mag, der kann Märchenhäuser, Märchenfiguren und Märchenerzähler besuchen. Im Wildpark Knüll wartet auf Urlauber der gute Wolf, im Offroad Park »Böser Wolf« dagegen das Tier im Mann.

HESSEN / **KNÜLLWALD**

Wer aber mit Märchen gar nichts anfangen kann, der darf einfach im Mittelalter verweilen und im Burghof von Burgfräulein und Rittern in blank polierter Rüstung träumen. Morgens kann man es dann dem Burgherrn gleichtun und aufsteigen, um den Blick über das Land schweifen zu lassen: Der alte Treppenturm der Burg Wallenstein wurde restauriert und bietet nach einigen Stufen und Windungen eine fantastische Aussicht. Von hier oben erschließt sich auch, wie gut geschützt die Burg doch war auf ihrem kleinen Bergvorsprung, hoch oben über dem Örtchen Wallenstein. Man könnte darüber nachdenken, den mit Erde verfüllten Burggraben wieder auszuheben, um die Burg ganz für sich zu haben. Auf immer und ewig Burgherr – im eigenen Zelt.

SONNENSEITE: Camping an und in einer alten Burgruine – mit Freibad.
SCHATTENSEITE: Viele Dauercamper, die man aber von der Burg aus nicht sehen kann.
KOSTEN: Erwachsene 4 €, Kinder 1,30 €, Zelt oder Bulli 7 €.
KLO & CO.: Ältere Anlagen, aber Wasser läuft.
ESSEN & TRINKEN: Das Freibad hat ein kleines Café, das auch Schnitzel, Kartoffelsalat und Bratwurst verkauft.
STADTPROGRAMM: Homberg an der Efze (13 km) ist eine der wenigen Städte, deren mittelalterlicher Stadtkern weitgehend erhalten geblieben ist. Viele Gebäude, die sich auf alten Kupferstichen finden, stehen bis heute. Und immerhin schon 2009 entzog der Stadtrat Adolf Hitler postum die Ehrenbürgerwürde der Stadt.

LANDPARTIE: Wer noch nie mit einem dicken Haflingerpferd im Unterholz stecken geblieben ist, sollte das mal ausprobieren: Haflingerhof im Knüll, Schmiedebergstr. 11, 34593 Knüllwald, 05686 930330, info@haflingerhof-knuell.de. Wer lieber wandert, kann die Lochbachklamm erlaufen, ein tief eingeschnittenes Bachbett zwischen ausgewaschenen Buntsandsteinwänden – 150 Höhenmeter und 16 Brücken lang.
ABENTEUER: Der Name ist Programm – der Offroad-Park »Böser Wolf« bietet denen Abwechslung, die ihren VW-Bus nicht mehr sehen können. Wie wär's mit einem britischen oder russischen Panzer, einem Militär-Hummer, einem Bagger oder Kettendozer? Ab 45 €, Hellwigwerke 4, 34593 Knüllwald-Remsfeld, 05681 861 oder 0172 5690662, info@offroadpark-knuellwald.de.

GRILLFREI: Nur mittags geöffnet ist das Ausbildungsrestaurant Unterhaus in Homberg (Untergasse 25, 05681 71707) – ein Arbeitsplatz für schwer vermittelbare Jugendliche, betrieben vom Verein »Starthilfe«, der auch den Campingplatz gepachtet hat.
HIN & HER: Autobahn 7, Ausfahrt Homberg (Efze), in Remsfeld links in Richtung Wallenstein abbiegen (Burg ist ausgeschildert). Die nächsten Bahnhöfe sind in Wabern, Treysa und Malsfeld.
GEÖFFNET: Mai bis September.
AUSWEICHQUARTIER: Nicht cool, aber nah dran ist der Campingplatz am Bauernhof, Zum Lierloch 1, 34593 Knüllwald-Niederbeisheim, 05685 228, info@campingplatzambauernhof.de.

Campingplatz Wallenstein, Burgstraße 25, 34593 Knüllwald Wallenstein

| t | 05686 262 | w | www.campingplatz-wallenstein.de | @ | info@campingplatz-wallenstein.de |

HESSEN / **POPPENHAUSEN AN DER WASSERKUPPE**

Indianerhotel Rhön 38

Die Geschichte des Indianerhotels in der Rhön ist eine besondere Geschichte. In einer Nebenrolle spielt sogar ein echter Indianer mit. In den Hauptrollen jedoch treten Menschen auf, die alles geben wollten für ihr Land, ihre Leidenschaft und ihre Ideen. Die Geschichte handelt von Hoffnung und Magie. Und von einem Mann, dessen Leben gerettet wurde, und von einem anderen, der sein Leben verlor.

Die Geschichte beginnt vor vielen, vielen Jahren: Seit Generationen betreibt Familie Gensler ihren Bauernhof in Poppenhausen in der Rhön, mit Sicht auf die Wasserkuppe, Hessens höchsten Berg. Die meisten Felder der Genslers liegen nach Norden und Nordwesten, das macht die Landwirtschaft mühsam. Vor fast 20 Jahren übernimmt Christof Gensler den Hof vom Vater. Wie er kann auch Christof zunächst vom Hof allein nicht leben: Der gelernte Landwirt macht sich als Gärtner, Parkettverleger oder LKW-Fahrer nützlich. »Aber du wirst immer nur bezahlt wie ein Hilfsarbeiter, trotz allem, was du kannst«, erinnert er sich.

Als Christof dann seine spätere Ehefrau Petra trifft, beginnt eine Idee langsam zu reifen: Zum ersten Mal in seinem Leben will Christof als Vollzeit-Landwirt arbeiten. Es kann doch nicht mit rechten Dingen zugehen, wenn ein prächtiger Bauernhof noch nicht einmal eine Familie ernähren kann. Also lernt Christof von seiner Mutter, im alten Holzofen der Genslers Brot zu backen. Auf seinen Feldern lässt er Hochlandrinder und braun-weißes Fleckvieh weiden. Fleisch und Brot verkauft er in seinem Hofladen. Und Christof lernt: Er kann sich und seinen Ideen trauen. Nur leben kann er von Rindern und Brot noch immer nicht.

Wieder hilft die Mutter Christof auf den rechten Weg: Er solle doch einen Zeltplatz eröffnen, liegt sie ihm in den Ohren. Den Genslers gehört ein kleines Stückchen Land, rund 200 Meter vom Hof entfernt. Früher feierte die Familie dort ihre Feste: an einem See, den Christofs Vater künstlich angelegt hatte. Ein besonderes Plätzchen – umschlossen und beschützt von hohen Fichten, Erlen, Weiden und Buchen – eine kleine Welt für sich. Und ein Platz, der für Christof schon immer »Energie« ausstrahlte.

Allein hätte Christof sein Indianerdorf nicht gegründet. Irgendwann aber trifft er einen Mann, den Freunde nur »Tipi-Peter« nennen. Wenn Peter Schäfer wandert, schläft er nachts in einer Kohte, einem traditionellen Stoffzelt – bei Wind und Wetter, auch im Winter. Irgendwann fragen Tipi-Peter und seine Freunde Christof, ob sie auf seinem Land übernachten können. Christof lässt ihnen die freie Wahl, und sie schlagen ihre Kothe am »besonderen Plätzchen« nahe dem See auf.

Am nächsten Morgen brennt Tipi-Peter vor Begeisterung. Endlich habe er, so meint er, den Ort gefunden, an dem er seinen großen

HESSEN / **POPPENHAUSEN AN DER WASSERKUPPE**

HESSEN / **POPPENHAUSEN AN DER WASSERKUPPE**

Traum verwirklichen will – ein ganzes Tipidorf zu bauen. Christof willigt ein, schließlich sucht er noch die zündende Idee, um seinen Hof am Leben zu halten. Seine Hoffnung setzt er in die Tipis und in die Magie der Wiese am See.

Im Jahr 2008 öffnet das Indianerhotel in der Rhön – und wird schnell zum Erfolg. Wenn Tipis in vielen deutschen Landschaften wie Fremdkörper wirken – in Christof Genslers Land fügen sie sich wie selbstverständlich ein. Kein Camping-Schnickschnack, sondern ein kleinen Dorf für sich. Mit so viel Atmosphäre, dass seit einiger Zeit der Cherokee-Indianer Robert Standing Bear extra aus den USA einfliegt, um indianische Friedenszeremonien zu feiern. Auch andere Urlauber kommen für Naturrituale. »Und die Magie des Platzes wächst und wächst«, meint Christof.

Auch wer von Magie und Energie nichts hören will, genießt mit Familie oder Freunden einfach die Ruhe im Indianerdorf, das kühle Wasser des Sees. Bogenschießen, Brotbacken, Bio-Bauerei – man kann viel lernen bei Christof Gensler.

Wie gut, dass Tipi-Peter seinen Traum vom Indianerdorf noch verwirklichen konnte. Nur wenige Wochen nach der Eröffnung, irgendwann im Dezember 2008, ging Peter Schäfer wieder in den Wald – vor kurzem hatte er hier die Fichtenstangen für das Tipidorf geschlagen. Er kam nicht zurück von seinem Spaziergang, sondern starb unter unbekannten Umständen. Mit seiner Idee vom Indianerdorf in der Rhön hat er mir das Leben gerettet, sagt Christof Gensler heute über den toten Freund.

SONNENSEITE: Deutschlands schönstes Indianerdorf.
SCHATTENSEITE: Cowboys mit eigenem Zelt und Bleichhäute mit Bulli dürfen nur neben dem gemieteten Tipi campieren.
KOSTEN: 20 € für die erste Nacht, danach 15 € inklusive Liege & Heusackmatratze.
KLO & CO.: Neue Toiletten und Duschen (mit Fußbodenheizung für Barfußindianer) 300 Meter entfernt am Bio-Hof.
ESSEN & TRINKEN: Christof Gensler backt Bio-Brot und verkauft auch sonst allerlei in seinem Hofladen mit kleinem Café. Frühstück oder Abendessen für Indianer kosten 9 €, für 11 € pro Person organisiert Christof einen Grillabend im Indianerdorf.

STADTPROGRAMM: In Fulda (ca. 20 km) stehen eine der ältesten Kirchen Deutschlands (die Michaeliskirche von 818) sowie das größte Mühlrad Europas. Damit man versteht, wozu das gut ist, muss man die naturtrüben Biere des Brauhauses Wiesenmühle probieren, zu dem das Mühlrad gehört.
LANDPARTIE: Hessens höchster Berg, die Wasserkuppe, liegt etwas mehr als 4 km nördlich. Raufwandern, zum Beispiel ab Parkplatz Guckaisee, runter rodeln (zumindest ein Stückchen) im 1000 m langen »Rhönbob« der Sommerrodelbahn.
ABENTEUER: Die Wasserkuppe gilt auch als Wiege der deutschen Segelfliegerei. Die »Fliegerschule« verkauft Rundflüge ab 50 € (36129 Gersfeld, 06654 364, info@fliegerschule-wasserkuppe.de).

Das Segelflugmuseum zeigt unzählige Modelle von Lilienthal bis heute.
GRILLFREI: Der »Kleine Italiener« in Poppenhausen (Marktplatz 7, 06658 918796) mit Biergarten bietet Abwechslung vom Gutbürgerlichen. Gleich nebenan (Marktplatz 5, 06658 1202) versorgt der Landgasthof »Zum Stern« diejenigen, die noch nicht genug von Wickelklöß, Grömmbellesobbe und Zwetschedaitscher haben.
HIN & HER: Mit dem Bus Nr. 26 ab Fulda nach Poppenhausen. Mit dem Auto über A7, B458.
GEÖFFNET: April bis Oktober.
AUSWEICHQUARTIER: Das Rhönschaf-Hotel in Seiferts bietet Nächte im Schäferwagen auf der Obstwiese (ab 39 € pro Wagen). Außerdem gibt's hier den besten Apfelsherry weit und breit.

Biohof Gensler, Hohensteg 5, 36163 Poppenhausen

 06658 1595   w www.bio-hof-gensler.de   @ service@bio-hof-gensler.de

THÜRINGEN / **NIEDERDORLA**

Palumpa-Land [39]

Wer oder was ist ein Palumpa? Der Einfachheit halber (und aus Unwissenheit) machen wir dieses Palumpa zur Sache: Vielleicht sieht man »es« nicht, vielleicht hört man es nicht, aber man spürt seine Anwesenheit. Denn hätte nicht ein seltsam-schräges Wesen seine Finger im Spiel, es gäbe dieses wunderbare Palumpa-Land wohl gar nicht – hier, an einem Stausee im Westen Thüringens.

Das Palumpa mag offenbar die Farbe blau, schlumpfblau: Der rumpelig-runde Schriftzug am Eingang verrät diese Vorliebe. Das Palumpa mag außerdem die Farbe gelb. Denn mitten im Grün der umliegenden Wiesen leuchtet der grellgelbe Sand eines Beachvolleyball-Feldes. Und mitten im Blaugrau des Stausees leuchtet das grellgelbe Tretboot mit pinkfarbenen Rädern, das Zelturlauber mieten können. Helle Farben, helle Stimmung – das Palumpa liebt es fröhlich. Eine Strandbar mit Bambusmatten an den Wänden suggeriert, dass man vielleicht doch 5000 Kilometer weiter im Süden gelandet ist. Und das Palumpa mag das Sonnenlicht. Das Sanitärhaus ist neu gestaltet, offen, mit viel Holz und großen Fenstern.

Eigentlich passt das alles nicht hierher, als wäre ein Wesen hier gelandet und hätte seine eigene, kleine Welt aus dem Schwarzen Loch mitgebracht. Und genau das macht das Palumpa-Land so anziehend. Aus einem durchschnittlichen Stückchen Erde ist ein Platz geworden, der es wert ist, besucht zu werden.

Die Aussicht ist nicht spektakulär, aber der See direkt am Zeltplatz ist schön. Urlauber können schwimmen, surfen – oder eben Tretboot fahren. Die Strandbar versorgt sie nach den Mühen des Zeltaufbaus mit Bier und Pommes. Und wer die dritte Nacht in Folge im Regen abgesoffen ist, der hat vielleicht Glück. Denn zum Palumpa-Land gehört eines der schönsten Ferienhäuschen der Welt, mit Panoramablick auf den See.

Zudem bietet das Palumpa-Land einen unschlagbaren Vorteil: Es liegt am geografischen Mittelpunkt des vereinigten Deutschlands – perfekt für das Großfamilientreffen, bei dem Cousin, Cousine, Opa und Tante aus vier Himmelsrichtungen anreisen. Auch das Umland ist attraktiv – ein wunderschöner Wald-Nationalpark, der Hainich, und schöne Städte wie Eisenach oder Mühlhausen liegen um die Ecke.

Der Vater des Palumpa-Landes ist ein Einheimischer: Klaus Dieter Koch. Eigentlich ist er Elektro- und Saunameister, geboren und aufgewachsen in der Region. »Meine Heimat ist doch wunderschön«, sagt er. »Aber trotzdem wandern die jungen, cleveren, interessanten Leute ab. Aber mit genau denen möchte ich zu tun haben!« Also beschloss Koch zusammen mit seiner Familie, die Cleveren mit einem ungewöhnlichen Campingplatz zurück nach Thüringen zu locken.

THÜRINGEN / NIEDERDORLA

Seine Kreativität ist ein Fass ohne Boden: Bald will er zum Beispiel eine schwimmende Sauna auf den See stellen. Und man kann sicher sein, dass das nicht seine letzte Idee sein wird.

Wie er seinen Platz nennen könnte, darüber hat Klaus Dieter Koch lange nachgedacht. Bauern haben das fruchtbare Land geliebt und sich hier eine goldene Nase verdient. »Goldberg« war folglich eine Idee für den Campingplatz-Namen, schlicht »Camping am See« eine andere. Aber dann hat sich Klaus Dieter Koch darauf besonnen, dass er schon immer etwas anders war, und er hat auf seine Tochter gehört. »Palumpa-Land«, das sei »assoziationsfrei«, jeder soll sich etwas anderes darunter vorstellen können, so die Idee.

Wer sein Zelt im Palumpa-Land aufschlägt, der sollte sich vielleicht von vornherein beschränken: Es genügt, die erste Nacht zu durchwachen, um nach dem Palumpa Ausschau zu halten. Denn wer es dann noch nicht gesehen hat, der wird es wohl auch nicht mehr erblicken. Vielleicht ist das Palumpa eben nicht fassbar oder sichtbar – vielleicht ist es nur der Geist eines besonderen Platzes, den Klaus Dieter Koch geschaffen hat? Oder ist es doch ein schlumpfähnliches Wesen, hellblau-gelb gestreift, mit federndhüpfendem Gang, das des Nachts heimlich Freudenstaub in Camperaugen streut?

SONNENSEITE: Eine kleine, blau-gelbe Welt für sich – der perfekte Treffpunkt dank seiner Lage am Mittelpunkt Deutschlands.
SCHATTENSEITE: Wenig Schatten.
KOSTEN: 4,50 € für Erwachsene, 2 € für Kinder, Zelt 4 €, Bulli 8 €.
KLO & CO.: Wunderschön im neuen Häuschen – abwaschen kann man sogar mit Seeblick dank riesiger Scheibe.
ESSEN & TRINKEN: Das Palumpa-Land hat eine Strandbar, die Pommes Schranke und Cappuccino verkauft. Und Cocktails!
STADTPROGRAMM: Die vielen Türmchen winken schon von weitem – 10 km nördlich liegt Mühlhausen, die »Stadt der Kirchen« mit Hauptkirchen, Filialkirchen, Klosterkirchen, Hospitalkirchen und Synagogen. Und selbst die Stadtmauer hat (Wehr-)Türmchen.
LANDPARTIE: Der Nationalpark Hainich – der größte zusammenhängende Wald Deutschlands – ist nah. Wer diesem Urwald aufs Dach steigen will, wählt den Baumkronenpfad nahe Thiemsburg (Alterstedter Chaussee 1, 99820 Craula) – 300 m auf Brücken durch die Wipfel.
ABENTEUER: In Lengenfeld unterm Stein (20 km) könnt ihr eine Draisine über eine alte Kanonenbahn steuern – für 4 Personen ab 14 €, die Doppel-Draisine für 7 Strampler ab 24 €.
GRILLFREI: Das »Landhaus Frank« mit dem Restaurant »Zum Nachbarn« (Eisenacher Landstr. 34, 03601 812513, info@landhaus-frank.de) hat eine der besten Küchen Mühlhausens – wenn auch kaum etwas für Vegetarier. Die Geschichte ist komisch: Im 19. Jahrhundert tranken schon Schüler hier gern das selbst gebraute Bier – aber das war illegal. Um unbekannt zu bleiben, sprachen sie sich nur mit »Nachbar« an. Prost, Nachbar!
HIN & HER: Das Palumpa-Land liegt am Stausee südlich von Niederdorla. Navis zeigen manchmal den falschen Weg. Von der A4, Abfahrt Mühlhausen, etwa 35 km; von der A38, Abfahrt Mühlhausen, etwa 30 km. Mit der Bahn bis Mühlhausen/Thüringen, dann Bus 153 nach Niederdorla/Anger, dann 10 min Fußweg.
GEÖFFNET: 1. April bis 30. September.
AUSWEICHQUARTIER: Eine kleine Zeltwiese am »Landgasthof Probstei Zella« bietet auch Reiterferien, direkt an der Werra nahe Eisenach (99826 Frankenroda, 036924 41976, zella@zella.de).

Palumpa-Land, Am Stausse 1, 99986 Niederdorla

03601 888942 oder 0173 4460707 www.palumpa-land.de info@palumpa-land.de

SACHSEN-ANHALT / **SCHIERKE**

Harz-Camping [40]

Es gibt nicht viele Campingplatzbetreiber, deren Foto in einem Geschichtsbuch abgedruckt wurde. Ingo und Corina Nitschke jedoch sind ein lebendiges Stück deutscher Vergangenheit. Ihr Foto ist berühmt. In dicken Jacken stehen sie auf dem Dach der Wetterstation auf dem Brocken und halten ein Transparent in den blauen Himmel: nur zwei Worte – »Mauer weg«. Von unten jubeln ihnen Menschen zu. Am 3. Dezember 1989 waren fast 6000 Mutige auf den Brocken gezogen, ein Sternmarsch aus den Dörfern des Harzes. Endlich, Wochen nach dem Berliner Mauerfall, wollten sie auch den Brocken befreien. Und sie hatten Erfolg: Um 12:50 Uhr öffneten die Grenzer das Tor, das danach nie wieder geschlossen werden sollte.

Bis dahin hatte Ingo Nitschke im Sperrgebiet gearbeitet. Wie schon sein Vater war er Wettertechniker auf dem Brocken. 1968 hatten Sowjets und Staatssicherheit den Gipfel zur Abhörstation ausgebaut: ein militärischer Sicherheitsbereich, umgeben von einer drei Kilometer langen Mauer. Auf dem Weg zur Arbeit wurde Nitschke täglich gleich zweimal kontrolliert. Und wenn er, oben angelangt, die Außenstationen der Wetterwarte ablesen wollte, begleiteten ihn russische Soldaten mit Kalaschnikow. Denn wer hier arbeitete, stand unter dem Dauerverdacht, fliehen zu wollen. Ehefrau Corina durfte ihren Mann daher auch nie ins Sperrgebiet begleiten. Als die beiden Söhne der Nitschkes geboren wurden, reifte dennoch der Plan zur Flucht. Schlaftabletten waren schon gekauft, um die beiden Sprösslinge ruhigzustellen während des Grenzübertritts. Doch dann kam der Mauerfall dazwischen. Und die Nitschkes schrieben ihr ganz eigenes Kapitel der Wiedervereinigungsgeschichte, an jedem 3. Dezember 1989, an dem Ingo zum ersten Mal seine Corina mit auf den Brocken nahm.

Freiheit – dieses Gefühl, dass die Nitschkes im Großen, Historischen erfahren haben, das suchen auch Camper – im Kleinen. Und wo kann man ihm wohl besser nahe kommen als hier, in Schierke. Hier, wo Camper den Brockengipfel immer im Blick haben, der so lange ein Symbol für den Verlust der Freiheit in Ostdeutschland war. Heute kann man hier die Freiheit spüren: Der Campingplatz liegt hoch genug, um den Blick schweifen zu lassen. Hinüber zu den Häusern des Dörfchens Schierke, das sich über Kilometer die kleine Straße entlangzieht. Auf die fichtenbewachsenen Hänge oder hinauf zum Gipfel des Brocken. Und alles lässt sich erwandern, ohne jede Grenze.

Auf Erschöpfte wartet abends eine sattgrüne, feste Zeltwiese am Waldrand, unter riesigen Bäumen. Oben am Hang wachen zwei falunrote Schweden-Häuser. Wem es im Herbst oder Winter im Zelt zu kalt wird, der kann sich hier einmieten. Bullis und

SACHSEN-ANHALT / **SCHIERKE**

Wohnmobile parken auf einem grauen Schotterplatz nebenan. Er gewinnt keinen Schönheitspreis, aber der Wald drum herum macht vieles wett.

Selbst würden die Nitschkes wohl nie sagen, dass ihr Campingplatz auch im Lichte ihrer eigenen Geschichte entstanden sein könnte: Sie locken Menschen genau dorthin, wo früher ein Grenzkontrollhäuschen stand – am Eingang zum Sperrgebiet Brocken. Hier wurde Ingo Nitschke jeden Tag kontrolliert. Heute begegnen sich auf dem Campingplatz am Schierker Stern Menschen, die die Freiheit des Brockens genießen können. Auch dank der Mutigen, die an jenem 3. Dezember 1989 auf den Brocken zogen, um ihren Berg zu befreien.

SONNENSEITE: Camping mit Brockenblick, direkt am Waldrand.
SCHATTENSEITE: Der Platz liegt an der Landsstraße nach Braunlage / Wernigerode. Der Verkehr hält sich aber in Grenzen.
KOSTEN: Erwachsene 4 €, Kinder 2,60 € (plus Kurtaxe 1,50 € / 0,75 €), Zeltplatz 6 €, Bulli 7,50 €.
KLO & CO.: Neues, blitzsauberes Haus wie bei Muttern – auch wer nur pinkeln will, muss seine Schuhe ausziehen und Leihlatschen tragen.
ESSEN & TRINKEN: Ein kleiner Laden verkauft das Nötigste.
STADTPROGRAMM: Nach Hermann Löns liegt »Die bunte Stadt am Harz« nahebei: Wernigerode (18 km) ist die schönste Stadt im Harz, mit viel Fachwerk, schickem Rathaus am großen Marktplatz und dem »kleinsten Haus der Stadt«.
LANDPARTIE: Ab auf den Brocken! Ab Parkplatz »Am Thälchen« über die Alte Bobbahn – oder über den Eckerlochstieg.
ABENTEUER: Die »Mystische Höhlenwelt« der Rübeländer Tropfsteinhöhlen für Vorsichtige (Blankenburger Str. 35, 38889 Rübeland, 039454 49132). Wagemutige rasen mit Monsterrollern den Wurmberg runter (ab 14 €, Am Amtsweg 5, Braunlage).
GRILLFREI: Die Nitschkes schwören auf das Schierker China-Restaurant (Brockenstraße, 039455 58788). Oder fürstlich speisen in der Villa Fichtenhof (Hagenstr. 3, 039455 88888, www.villa-fichtenhof.de): Fasanenbrust, Hirschkalbsroulade oder Lammfiletspitzen.
HIN & HER: Der Campingplatz liegt am Ortseingang von Schierke, aus keiner Richtung zu verfehlen! Der nächste Bahnhof liegt in Wernigerode, von dort entweder Bus 257 nach Schierke erreichen – oder mit der Harzer Schmalspurbahn fahren.
GEÖFFNET: Ganzjährig.
AUSWEICHQUARTIER: Camping am Brocken, Schützenring 6, 38875 Elbingerode, 039454 42589, www.campingambrocken.de.

Harz-Camping, Hagenstraße / Am Schierker Stern 1, 38879 Schierke

| t | 039455 58817 | w | www.harz-camping.de | | info@harz-camping.com |

SACHSEN-ANHALT / **ANGERN IN DER ALTMARK**

Tipidorf Bertingen 41

Man muss schon mit einiger Überzeugung Tipis vermieten, wenn man sogar in der Nachsaison mit Stirnband und Feder herumläuft: Gerhard Müller hat sich mit Leib und Seele seiner Idee verschrieben, in einem touristisch eher unbeleckten Winkel Sachsen-Anhalts ein Indianerdorf zu eröffnen. In der Colbitz-Letzlinger Heide, nahe der Elbe, gehört ihm ein grünes Stück Land samt Kiefernwald. Und weil Müller gut mit der Kettensäge umgehen kann, hat er eigenhändig an der Wildwest-Atmosphäre gearbeitet.

Es gibt ein Restaurant im Blockhausstil, das Bisonfleisch auf den Tisch bringt. Allerlei Holzskulpturen von der tanzenden Kobra bis zum Totem verteilen sich über das Gelände. »Silbersee« heißt der kleine Teich in der Mitte des Platzes, Wolfs- und Tornadowiese liegen nebenan. Also Vorsicht: Ganz unberührt wird niemand bleiben von Müllers Indianerbegeisterung.

Wer das mag, wird den Platz genießen: Die Tipis fügen sich hübsch in die Landschaft, und es gibt viel Raum für Zelte. Unsicher sind wir jedoch mit Blick auf die Atmosphäre des Platzes, den wir Ende August menschenleer gefunden haben. Und so möge jeder selbst sehen und seinen Treck in den Wilden Westen der Heide starten, um den Indianer-Häuptling vom Elbtal zu treffen. Man erkennt ihn an der Feder am Kopf, selbst im Winter. Howgh.

SONNENSEITE: Zelt oder Tipi mit Schnecke und Frosch als Nachbarn – Idylle pur.
SCHATTENSEITE: In der Nachsaison fast menschenleer, und wir haben schon freundlichere Betreiber getroffen.
KOSTEN: Im Tipi Kinder 8,90 €, Erwachsene 9,90 €. Camping für Kinder 3,90 €, Erwachsene 4,90 €, eigenes Zelt 2 €, Bulli 3 €.
KLO & CO.: Vorhanden, zum Teil aber im wenig charmanten Container.
ESSEN & TRINKEN: Der Kiosk verkauft Weißhäuten Milch, Mehl und Margarine, während das Indianer-Restaurant Rothäute mit Bisonfleisch bekocht.
STADTPROGRAMM: Die Kleinstadt Tangerhütte (12 km) bietet für gerade 2000 Einwohner ein hübsches »Neues Schloss« samt Stadtpark. Eher zum Shopping als zum Sightseeing lockt Magdeburg (45 km); hier wurde sowohl im Dreißigjährigen als auch im Zweiten Weltkrieg viel gebaute Geschichte zerstört.
LANDPARTIE: Bertingen liegt im Abschnitt Tangermünde-Magdeburg des Elberadwegs. Bei Burg wird der Mittellandkanal in Europas größter Trogbrücke über die Elbe geführt – imposant.
ABENTEUER: In einer alten russischen Kaserne Panzer fahren (pro Stunde ab 150 €, Heerstr. 1, 0176 24998612, www.panzerfahrschule.de) oder die höchste Erhebung zwischen Magdeburg und der Ostsee erklimmen – einen Kaliberg (Kalimandscharo, Anfragen an Tourismusverband Colbitz-Letzinger-Heide e.V., August-Bebel-Straße 2, 39326 Colbitz, 039207 80691, info@heideinfo.de).
GRILLFREI: Altmärker Spezialitäten kocht das Restaurant La Porte im nahen Feriendorf (Im Wald 3, 039366 979000, info@hotel-laporte.de).
HIN & HER: Vom Bahnhof Mahlwinkel sind es 6 km zum Tipidorf, entweder per Taxi oder Shuttle vom Platz (vorher anfragen!). Mit dem Auto über die A2, Abfahrt Magdeburg-Zentrum, dann über die B189 gen Norden, über Rogätz, Angern, Mahlwinkel.
GEÖFFNET: März bis November.
AUSWEICHQUARTIER: Direkt an der Elbe liegt das hübsche Family-Camp Kellerwiehl (39517 Bittkau an der Elbe, 039362 81610, info@kellerwiehl.de).

Tipidorf Bertingen, Zu den kurzen Enden 1, 39517 Bertingen

| | 039366 51037 | | www.tipi-dorf.de | @ | info08@tipi-dorf.de |

SACHSEN-ANHALT / **KIRCHSCHEIDUNGEN**

Outtour Saale-Unstrut [42]

Jens Bellmann hat recht lebhafte Vorstellungen davon, wie sein liebster Fluss einst durch Sachsen-Anhalt floss: Die Unstrut hat ihren Namen vom germanischen »Strüdu«, was Sumpfdickicht heißt. Die Vorsilbe »Un« steigert diese Bedeutung noch, wie etwa bei »Unwetter«. Morastige Ufer, ein versumpfter Streifen Land, »wie der Amazonas«, meint Bellmann und räumt freundlicherweise ein: »Aber ohne Krokodile und Piranhas.«

Denn an dieser Unstrut hat der Anhaltiner einen Campingplatz eröffnet. Wer heute jedoch auf der grünen Wiese unten am Fluss sein Zelt aufschlägt, der mag kaum glauben, wie die Unstrut einst ausgesehen haben soll. Heute ist sie ein friedlicher, tiefblauer Fluss, der seine Schleifen sachte durch die Wiesen zieht – »ein ruhiger Wanderfluss«. Große Pappeln erheben sich am Ufer, eine seltene Ulme und eine große Kopfweide, die alle vom Wasser der Unstrut leben.

Unter den Pappeln steht ein kleines Tipidorf: praktisch für Radfahrer oder Kanuwanderer, die eine Übernachtung ohne eigenes Zelt suchen. Doch wirkt die Siedlung ein wenig wie ein Fremdkörper in diesem grünen Tal. Schön dagegen die Zeltwiese unter Bäumen:
Kein Zaun, keine Hecke trennt sie vom Fluss oder vom Dörfchen Kirchscheidungen. »Wir sind ein offener Campingplatz«, meint der Betreiber. Früher wurde hier wild gecampt, die Wiesen des Zeltplatzes sind nach wie vor auch der Ort, wo viele Kirchscheidunger für ein kühles Bad in die Unstrut springen.

Denn vom Campingplatz kann man direkt in den Fluss hüpfen und sich treiben lassen – wenn man möchte bis zur Saalemündung knapp 20 Kilometer weiter flussabwärts. Etwas komfortabler legt man die Strecke in den Kanus zurück, die Bellmann vermietet – sein Hauptgeschäft sind geführte Kanureisen auf Saale und Unstrut.

Dass das Unstruttal nicht auf den vorderen Plätzen der beliebtesten Urlaubsregionen in Deutschland steht, ist gut – Touristen treten sich nicht auf die Füße. Es ist aber auch ein wenig seltsam. Denn die Unstrut bietet viel – beispielsweise schönes Wetter: Der Harz hält die Regenwolken fern, die Sonne scheint kräftig. In der Senke entlang der Unstrut kühlt es nachts zudem kräftig ab – ein Klima, das die Region zu einem beliebten, aber weniger bekannten Weinanbaugebiet macht. 1606 Stunden lang scheint die Sonne im Mittel – in etwa so viel wie in den Weinbaugebieten in Rheinland-Pfalz und Franken. Angebaut wird traditionell: In Steillagen kommt der Weinbauer leicht ins Schwitzen, wenn er seine Stöcke mit Seilzug und Handhake bearbeitet.

In Bellmanns Nachbarschaft rackert der Winzer Klaus Böhme: Er bietet auf dem Campingplatz schon mal seine Weine zur

SACHSEN-ANHALT / KIRCHSCHEIDUNGEN

Probe an: frisch, fruchtig, jung und überwiegend weiß, mit schillernden Namen. »Burgscheidunger Veitsgrube« heißt eine Hanglage nahe dem Campingplatz, »Dorndorfer Rappental« eine andere – ein Riesling »mit zarten Ananas- und Apfelaromen« im Bukett, wie Böhme erzählt. Wo Weine gut gedeihen, werden sich auch Camper wohlfühlen (wenn sie die kalten Nächte im warmen Schlafsack wegkuscheln). Das gilt sogar an einem Flüsschen mit dem schauerlichen Namen »Unstrut«. Denn man muss schon eine ganze Menge Silvaner oder Müller-Thurgau trinken, bevor man im Amazonas Sachsen-Anhalts die ersten Krokodile sichtet.

SONNENSEITE: Camping am Flussufer – vom erfrischenden Bad in der Unstrut trennt euch nur der Zelt-Reißverschluss.
SCHATTENSEITE: Das Tipidorf passt nicht so recht auf die Wiese.
KOSTEN: Erwachsene 6,50 € pro Nacht, Kinder 4 € pro Nacht, Dusche 1 €. Für die Nacht im Tipi zahlen Erwachsene 11 €, Kinder 8 € – Decke, Isomatte und Schlafsack mitbringen!
KLO & CO.: Das kleine, neuere Sanitärhäuschen ächzt im Sommer, wenn der Platz voll ist.
ESSEN & TRINKEN: Auf dem Platz organisiert Jens Bellmann Grillabende, wenn sich genügend Teilnehmer melden. Ansonsten alles mitbringen.
STADTPROGRAMM: In Naumburg an der Saale (20 km) warten Uta, Ekkehard, Regelindis und Herrmann auf Besucher. Die lebensgroßen Stifterfiguren aus Kalkstein stehen im Westchor des Naumburger Doms, dem Wahrzeichen der Stadt.
LANDPARTIE: Eine Radtour entfernt wartet die Arche Nebra, in der eine Replik der rätselhaften Himmelsscheibe ausgestellt wird. Das Original der Bronzescheibe wurde 1999 hier gefunden. Das multimediale Besucherzentrum führt 3600 Jahre zurück in unsere Vergangenheit.
ABENTEUER: Eine Kanutour mit Jens auf der Unstrut.
GRILLFREI: Zweimal speisen, nur einen Fußmarsch entfernt – im Restaurant »Gräfin Cosel« auf Schloss Burgscheidungen isst man edel und lecker (Schlossbergstr. 56, 06636 Burgscheidungen, 01805 372836, info@schloss-burgscheidungen.de), etwas günstiger bewirtet der Gasthof »Zum Grünen Tal« in Tröbsdorf (Am Biberbach 44, 034462 20872).
HIN & HER: Mit dem Auto über die A9, Abfahrt Weißenfels, oder die A 38, Abfahrt Eisleben. Der Bahnhof Kirchscheidungen liegt ein paar hundert Meter vom Ufer der Unstrut entfernt.
GEÖFFNET: April bis Oktober.
AUSWEICHQUARTIER: Der Kanuverleih Nebra hat einen kleinen Zeltplatz mit Tipi-Vermietung (An der Unstrut 25, 06642 Nebra (Unstrut), 034461 24388, info@kanuverleih-nebra.de).

Outtour Saale-Unstrut, Jens Bellmann, An der Unstrut, 06636 Kirchscheidungen

| t | 034462 601951 | w | www.outtour.de | | info@outtour.de |

Kofferhotel »Prellbock«

Dieses Reiseutensil ist nicht unbedingt camping-typisch: Normalerweise ziehen Zelturlauber mit Rucksack durch die Lande, notfalls mit Sporttasche, Plastiktüte oder Aluminiumkiste. Oder in einem Bulli, in dem ohnehin alles irgendwo durcheinanderliegt. Wer dagegen seinen Koffer über den Campingplatz schleppt oder gar den Hackentrolli laut über die Wege schlurt, der braucht vermutlich auch Hilfe beim Zeltaufbau.

Seitdem jedoch der Sachse Matthias Lehmann sich des Koffers angenommen hat, seitdem er ihn studiert, begutachtet und für seine Zwecke umgebaut hat, seitdem ist sogar der Koffer cool für Camper. Nicht als Gepäckstück, sondern als Heim.

Matthias Lehmann ist ein Fall für sich. Er hat in Lunzenau, am Ufer der Mulde, eine eigene Fantasiestadt gegründet, mit Pässen, derzeit 81 Bürgern, Konsuln und Botschaften. Seine Stadt heißt »Frohe und Hanselstadt Mützenau« und besteht aus einer Kneipe mit großem Biergarten. Er arbeitet als Fahrdienstleiter bei der Bahn und sammelt leidenschaftlich alles, was mit Zugfahren zu tun hat – vor allem Mützen. Er veranstaltet den frühesten Weihnachtsmarkt der Republik schon im September. Er sächselt wie ein echter Sachse (was er ist), und er hat seinen eigenen Humor: Wer bei ihm übernachten will, dem verspricht er, dass »die Einreiseformalitäten schnell erledigt« seien.

Wenn man das alles gelassen hinnimmt, erlebt man ein kleines Wunder. Es gibt wohl keinen zweiten Garten wie diesen: Oben, am Eingang, parkt eine riesige, grüne Lokomotive. Unten, am Flussufer, steht ein Wartehäuschen der Bahn, allerdings ohne Bahnanschluss. Dazwischen wimmelt es von Uhren, Schildern und Skurrilitäten. Eine Telefonzelle, in der eine Bibliothek untergebracht ist zum Beispiel. Oder ein Schild, auf dem eine »weibliche Schrankenwärterin zur Ausbildung« gesucht wird. Und der Schnellzug nach Leipzig fährt laut stehengebliebener Anzeigetafel um 10 Uhr. Ein Eldorado für Bahnliebhaber. Und weil immer mehr hier auch übernachten wollten, begann Matthias Lehmann zu grübeln.

Eine Ferienwohnung sei ihnen zu langweilig, meinten die Gäste. Irgendwie sollte es schon ein bisschen verrückt sein. »Und einen Eisenbahnwaggon zum Übernachten gibt es schon«, sagt Matthias, »das kam nicht in Frage.« Also baute er im Maßstab 1:10 ein Modell von einem überdimensionalen Koffer, in dem er Doppelstockbett (wie im Nachtzug), Bahnklappsitz, Gepäcknetz, Toilette und Waschbecken unterbrachte. Das Wohnkoffermodell kam so gut an, dass ein befreundeter Journalist in der Regionalzeitung gleich darüber schrieb. Und so hatte Matthias plötzlich Buchungen für einen bewohnbaren Koffer, den es noch gar nicht gab.

SACHSEN / **LUNZENAU**

Im Juni 2004, an dem Tag, an dem die ersten Gäste anreisen wollten, legte er schließlich letzte Hand an: Seitdem steht im Garten ein mehr als mannshoher, roter Kasten mit Griff und Kofferband, an dessen Seite sich (recht kofferuntypisch) eine Tür öffnet. 80 cm breit ist das Bett darin, ebenso breit der Gang daneben – nichts für klaustrophobe Camper, sollte es sie denn geben. Für alle anderen Frischluftfreunde aber wartet hier coole Abwechslung zu Zelt und Bulli. Wer duschen will, stellt sich in die Riesen-Mitropa-Tragetasche aus Holz nebenan. Und einschlafen kann man unter dem gemalten Sternenzelt an der Kofferdecke. Wegen großer Nachfrage baute Matthias 2010 einen zweiten Koffer. Seinen Garten nennt er seitdem sein »Feriendorf«.

Aber selbst, wenn man hier in einem Koffer übernachten kann – ihre Klamotten sollten Camper besser wie gehabt im Rucksack mitbringen oder in der Plastiktüte. Denn wenn zwei Menschen die Tür hinter sich schließen, bleibt im Koffer kein Platz mehr für große Koffer.

SONNENSEITE: Was für eine schräge Welt – Bahnkunst vom Klo zur Koje.
SCHATTENSEITE: Das Kofferhotel liegt leider an der Hauptstraße. Es gibt keinen Platz für Zelte.
KOSTEN: 15 € pro Nase im eigenen Schlafsack
KLO & CO.: Beide Koffer haben Toilette und Waschbecken, geduscht wird im Mitropa-Beutel.
ESSEN & TRINKEN: Für 7,50 € gibt's Frühstück auf Mitropa-Geschirr. Im »Prellbock« nebenan gibt's Gutbürgerliches à la Bahn – von der »Flotten Schaffnersohle« (Rinderzunge) bis zur »Waggonladung Kesselgulasch«.
STADTPROGRAMM: Wer Karl Marx noch einmal in die Augen schauen möchte, fährt nach Chemnitz (31 km). Mit Sockel über 13 m hoch – die größte Porträtbüste der Welt. Am Gebäude dahinter, der »Parteisäge« (Sitz der SED-Bezirksverwaltung), prangt Marx' und Engels Leitsatz: »Proletarier aller Länder vereinigt euch.« Obwohl er in vier Sprachen in Stein gehauen wurde, ist er trotzdem nicht wahr geworden.
LANDPARTIE: Mit dem Fahrrad (kostenloser Verleih am Prellbock) oder zu Fuß entlang der Zwickauer Mulde zur Göhrener Brücke – mehr als 80 m über dem Fluss, eine zweigeschossige Sandsteinbrücke mit 16 Bögen aus dem 19. Jahrhundert, an der zeitweise mehr als 4000 Arbeiter schufteten. Der Muldental-Radweg führt weiter Richtung Dessau oder Zwickau.
ABENTEUER: Geocaching in Chemnitz – die Stadt verleiht GPS-Geräte (für 5 €) und hat eine Koordinaten-Schnitzeljagd ausgeheckt (City-Management & Tourismus, Innere Klosterstraße 6–8, 0371 3660244, info@chemnitz-tourismus.de).
GRILLFREI: Neben dem Prellbock gibt's nicht viel.
HIN & HER: Man glaubt's kaum, aber leider gibt's keinen Bahnhof in Groß Mützenau, trotz Wartehäuschen. Die nächsten Stationen sind in Narsdorf oder Burgstädt. Mit dem Auto von Chemnitz über die A4 und A72, dann B 95 bis Penig, über Arnsdorf nach Lunzenau.
GEÖFFNET: April bis Oktober.
AUSWEICHQUARTIER: Campingplatz Kriebstein – an der Talsperre im Ortsteil Höfchen, 034327 93153.

Zum Prellbock, Burgstädter Str. 1, 09328 Lunzenau

| t | 037383 6410 | w | www.prellbock-bahnart.de | @ | info@prellbock-bahnart.de |

SACHSEN / **OTTENDORF**

MiO Minicamping 44

Der ovale NL-Aufkleber prangt an jedem zweiten Wohnwagen – dieser Eindruck von der Autobahn täuscht nicht: Die Niederländer sind Camping-Europameister (immerhin, wenn's schon im Fußball nicht klappt!). Jeder fünfte Oranje campte 2010 im Urlaub, dagegen schlug nur jeder zwanzigste Deutsche seine Heringe ein. Und wer mit »Cool Camping Deutschland« die Republik erobert, der wird viele Niederländer treffen. Denn sie mögen die entspannten, kleinen Plätze, die auch Cool Camping schätzt. Es ist ein wenig wie die Geschichte vom Hasen und vom Igel: »Ich bin schon da!«, rufen uns die Niederländer auf manchem vermeintlich neu entdeckten Platz entgegen. Selbst als Inhaber haben sie mittlerweile die Nase vorn. Ein kleiner Platz im sächsischen Ottendorf ist ein gutes Beispiel dafür.

Auf den ersten Blick ist »MiO Minicamping« alles andere als spektakulär. Die Wiese auf einem Hügel nahe der 500-Einwohner-Siedlung Ottendorf kommt noch etwas karg daher. Die Bäume sind klein, weil der Campingplatz erst 2009 eröffnet wurde. Für 26 Zelte und Wohnwagen gibt es Strom und Wasser, weitere 14 passen noch ohne Kabel & Schlauch auf die Wiese. Am Rand steht eine dunkle Holzscheune, in der das Geheimnis von »MiO« wartet.

Denn es muss ein Geheimnis geben. Wie hätte MiO es sonst geschafft, 2010 als einziger Platz in Deutschland für den begehrten holländischen Camping-Oskar nominiert zu werden, als bester kleiner Campingplatz in Europa? Zuletzt hatte der niederländische Campingverband 2007 einen deutschen Platz in die engere Auswahl genommen.

»MiO« steht für »Made in Ottendorf«, und das gilt zum einen für die eine Hälfte des Betreibergespanns: Birgit Fischer wuchs in Ottendorf auf. Ihren Eltern gehörte der Bauernhof, dessen Scheune bis heute steht. 1987 lernte Birgit beim Ungarn-Urlaub Stan Olgers kennen und lieben. 1989, noch vor der Wende, wurde geheiratet, und Birgit folgte Stan in seine Heimat. Doch nach 16 Jahren und manchen Jobs in den Niederlanden entschieden sie: Sie wollten etwas Neues ausprobieren, in Birgits Heimat. Denn das elterliche Grundstück wartete auf eine neue Bestimmung.

Und so reifte langsam ihre Idee. Heute steht »MiO« auch für das Essen, das in Ottendorf gekocht wird. Mit großem Aufwand haben Stan und Birgit die Holzscheune zu einer Kochwerkstatt umgebaut. Ein hoher Raum öffnet sich mit einer großen Glasfront der Abendsonne. Am Herd und am Dampfgarer (seinem Lieblingsgerät) steht Stan, der sich hier einen Traum erfüllt. Er wuchs in Den Haag auf, wo fast vier Prozent der Einwohner aus Kolonialzeiten indonesische Vorfahren haben. Die indonesische Küche

181

SACHSEN / OTTENDORF

hat er mit der Muttermilch aufgesogen. Heute kocht er nach Bedarf, wenn sich Camper zum Abendessen anmelden, zum Beispiel Soto Ajam (javanische Hühnersuppe), Gado Gado (Gemüsevielfalt mit Erdnusssauce) oder Sambal Goreng Bunchis (grüne Bohnen in süß-pikanter Soße). Camper lernen sich beim Abendessen kennen – eine (gast-)freundliche, freundschaftliche Atmosphäre. Manchmal singen Jazz-Musiker, und Schriftsteller lesen aus ihren Büchern. Auch Stan Olgers erzählt Geschichten zu seinen Gerichten – und er gibt einen kurzen Abriss von seiner Sicht auf die Welt. Denn Stan kann über die deutsche Behörden und Banken wie ein Rohrspatz schimpfen. Es war sicherlich nicht leicht, die Genehmigung für diesen Platz zu bekommen und eine Finanzierung auf die Beine zu stellen. Einen Querulanten würden ihn seitdem manche nennen, klagt Stan, der sich lebhaft an Treffen mit Landesbeamten erinnert.

In den Niederlanden schossen Minicampingplätze wie Pilze aus dem Boden, als es den Bauern in den 80er Jahren schlecht ging. An Deutschland ist diese Entwicklung vorübergegangen – vor allem, weil Behörden neue Plätze blockieren. Es brauchte wohl die Energie eines Stan Olgers, gepaart mit der beharrlichen Freundlichkeit einer Ottendorfer Ureinwohnerin, um dieses Projekt Wirklichkeit werden zu lassen. »Made in Ottendorf« ist nur zur Hälfte sächsisch – weitere Zutaten sind holländischer Unternehmergeist, Risikofreude sowie Geschick, Geschmack und Gastfreundlichkeit.

SONNENSEITE: Eine wunderbare Kombination – Kochen & Campen.
SCHATTENSEITE: Leider keine – die Bäume wachsen noch und schützen kaum an heißen Tagen.
KOSTEN: 5 € pro Person, Zelt oder Bulli 9 €, Strom 2 €. Vor- und Nachsaison 18 € (2 Camper, alles inklusive).
KLO & CO.: In der frisch umgebauten Scheune mit Fußbodenheizung (Biogas!).
ESSEN & TRINKEN: Nach Anmeldung kocht Stan auch für Einzelreisende. Freitags: Rijstafel mit über 17 Gerichten. Und das Frühstück ist großartig.
STADTPROGRAMM: Ottendorf mit seinen 1.500 Einwohnern mag in der Pampa liegen – die nächsten Städte aber sind nicht weit: Weimar (140 km), Dresden (70 km), Leipzig (90 km), Chemnitz (15 km) oder Prag (170 km). Die perfekte Basis für Ost-(deutschland-)Entdecker!
LANDPARTIE: Einen Fußmarsch entfernt liegt das Zschopautal mit wilden Tälern, bizarren Felsen und Talsperren. Oder Wanderwege über Waldeshöhen, Schaubergwerke und Schlösser im Erzgebirge.
ABENTEUER: Wasserski, (www.wasserskirossau.de), Klettern (www.kletterwald-kriebstein.de) – oder Bauerngolf bei MiO!
GRILLFREI: Am besten jeden Abend, um sich durch Stans Karte zu essen. Mittags empfiehlt die MiO-Crew in Chemnitz das »Alexxanders« (drei Gänge ab 15 € – Ludwig Kirsch Straße 9, 0371 4311111).
HIN & HER: Der nächste Bahnhof ist in Ottendorf (bei Mittweida, ca. 3 km). Mit dem Auto über die A4, Ausfahrt 71 Chemnitz Ost. Dann Richtung Mittweida, nach 2 km rechts ins Gewerbegebiet Ottendorf, am Ende der Straße links. Navi-Adresse: Gottfried-Schenker-Str. 10, Lichtenau OT Ottendorf.
GEÖFFNET: Ganzjährig.
AUSWEICHQUARTIER: 25 km weiter lockt Kulturinteressierte die »Universitas im Bauernhaus« mit Zeltwiese unterm Weidendom (Reichenbacher Straße 15, 09661 Striegistal OT Gossberg, 037207 3215, uni-im-bauernhaus.de). Oder 80 km weiter das Tal der Weiße Elster (Camping Am Töpferberg, Clodra Dorfstraße 35, 07980 Berga/Elster, 036623 20388 toepferberg.de).

MiO Made in Ottendorf, Hohe Straße 28, 09244 Lichtenau-Ottendorf

t 037208 877848 w www.mio-minicamping.de   info@mio-minicamping.de

SACHSEN / **SCHÖNBACH BEI SEBNITZ**

Camping Endler 45

Einen Campingplatz betreibt Familie Endler nur aus Verlegenheit. Den Endlers gehört ein stattliches Grundstück im Örtchen Schönbach vor den Toren von Sebnitz. Zwischen der Gastwirtschaft »Zur blauen Maus« und dem Getränkemarkt der Familie liegt ein gepflasterter Innenhof. Und weil er groß genug dafür ist, findet hier jährlich das Dorffest von Schönbach statt. Im Zuge dieses Dorffestes tritt die Ortsfeuerwehr zum Fußballspiel gegen die Stadtverwaltung an, und da traf es sich gut, dass die Endlers hinter dem Haus auch noch eine große Wiese besitzen.

Diese Wiese war jedoch immer ein wenig uneben, eine »Huckelpiste«, erinnert sich Christine Endler. Damit das Fußballspiel Spaß macht, schaufelte die Familie ein wenig Erde hin und her. Ein wunderbarer Bolzplatz entstand. Doch kurze Zeit später wurde auch das nahe Waldstadion erneuert. Das Traditionsturnier zog um auf den Fußballplatz mit Flutlicht. Da standen sie nun, die Endlers, mit ihrer platten Wiese.

Aus der Not machten sie eine Tugend: Sie ließen Camper auf ihre Wiese – idyllisch gelegen, am Rand ein kleiner See. »Camping Endler« ist der Ausgangspunkt für Exkursionen in die Sächsische Schweiz und nach Tschechien. Und wer mal die Seele baumeln lassen möchte, der ärgert sich bestimmt nicht darüber, dass dieser Campingplatz einen eigenen Getränkemarkt (das Hauptgeschäft der Endlers) hat. Prost.

SONNENSEITE: Einfach und schön – einfach schön.
SCHATTENSEITE: Etwas rudimentäre Ausstattung.
KOSTEN: 6 € pro Person.
KLO & CO.: Mehrere Duschen in mehreren Gebäuden – zweckmäßig, aber nicht großartig.
ESSEN & TRINKEN: Essen nein, Trinken viel – den Endlers gehört der lokale Getränkemarkt.
STADTPROGRAMM: Sebnitz nennt sich die »Stadt der Seidenblumen«, hier wurde die größte Seidenrose der Welt hergestellt (3,7 m hoch und 10 kg schwer). Wer davor fliehen möchte, ist in einer knappen Stunde in Dresden.
LANDPARTIE: Auf Burg Stolpen (20 km, Schlosstr. 10, 10833 Stolpen, 035973 23410, www.burg-stolpen.de) ging es wüst zu, die Sage berichtet von »Kampf, Folter, Marter, Not und Tod«. Aber die Aussicht ist schön!
ABENTEUER: Outdoor Tours bietet geführte Mountainbike-Touren in der Sächsischen Schweiz an (Steffen Michel, Hauptstraße 27, 01855 Kirnitzschtal/Ottendorf, 035971 56907 oder 0171 3617962, info@klettern-sachsen.de). Reiter können ihre Pferde auf der Gästekoppel der Endlers unterstellen.
GRILLFREI: Hausmannskost auf dem Ungerberg im Norden von Schönbach (Ungerbergstraße 1, 01844 Neustadt/Sachsen – OT Rugiswalde, 03596 509533, info@ungerberg.de).
HIN & HER: Der Bahnhof Sebnitz liegt ca. 4 km entfernt – eine Viertelstunde im Bus 267. Mit dem Auto über die A4, Abfahrt Burkau, über Bischofswerda und Neustadt in Richtung Sebnitz. Vor der Stadt rechts ab in Richtung Schönbach (Campingplatz ausgeschildert).
GEÖFFNET: Ganzjährig.
AUSWEICHQUARTIER: Campen kann man auch in Sebnitz, direkt am Naturbad: Albert-Kunze-Weg 36, 01855 Sebnitz, 0162 4186479, www.touristikzentrum-sebnitz.de).

Camping Endler, Martin-May-Straße 17, 01855 Sebnitz

t 035971 57295 w www.urlaub-endler.de   info@urlaub-endler.de

SACHSEN / **HINTERHERMSDORF**

Thorwaldblick 46

Wer auf die Karte schaut, wird denken: Eine entlegenere Ecke lässt sich in Deutschland kaum finden. Wer sich dann aufmacht nach Hinterhermsdorf, der wird schnell feststellen: Obwohl das Dorf in einem kleinen Winkel liegt, an drei Seiten von der Staatsgrenze zu Tschechien fast umschlossen, liegt es mittendrin. Mittendrin in einer Urlaubsregion, die vielfältiger kaum sein könnte.

Nur eine einzige Straße führt von Sebnitz nach Hinterhermsdorf. Gleich am Ortseingang liegt der kleine Campingplatz »Am Thorwaldblick« – ein kleines, feines Familienunternehmen. Der Name »Thorwaldblick« ist Programm: Zu allen Seiten Wald und noch mal Wald.

Die Pehs betreiben den Platz seit 1996. Die Ausstattung ist einfach, aber völlig ausreichend. Hübsch ist die kleine Zeltwiese unter Obstbäumen. Hinter ihr steigt steil ein Weizenfeld an zu einem bewaldeten Bergrücken, zur anderen Seite öffnet sich der Blick auf den dunklen Thorwald. Diese Aussicht können die Fahrer von Bullis und Wohnwagen genießen – für sie gibt es nebenan 25 terrassierte Plätze, nicht ganz so hübsch wie die Zeltwiese. Auf Kinder wartet ein Spielplatz mit Klettergerüst, Sandkasten, Rutsche, Wippe und Tischtennisplatte, auf Erwachsene ein Kühlschrank, eine Waschmaschine, ein Trockner und ein Abwaschbecken – gerechte Aufgabenteilung eben.

Hinterhermsdorf wurde einst zum »schönsten Dorf Deutschlands gekürt«, und in der Tat lohnt sich der kleine Spaziergang. Eine Einbahnstraße erschließt das Dorf ringförmig. An ihr liegen die vielen Umgebindehäuser, deren erster Stock von Holz eingekleidet ist. Dieses Holz sicherte über Jahrhunderte auch die Existenzen der Menschen, die hier lebten: Die dichten Buchen- und Nadelwälder der Region wurden abgeholzt, um in den nahen Städten Häuser zu bauen. Schon im 16. Jahrhundert wurden Baumstämme über den heutigen Grenzfluss zu Tschechien, die Kirnitzsch, geflößt.

Die Nachfrage nach dem Holz aus der Sächsischen Schweiz stieg rasant. Und so verfügte der Kurfürst August von Sachsen, dass in Hinterhermsdorf eine Stauanlage errichtet werden solle (damals aus Holz, im 19. Jahrhundert wurde sie durch eine Steinmauer ersetzt). Wenn die neu gebaute »Obere Schleuse« geöffnet wurde, entstand eine Flutwelle auf der Kirnitzsch, die die Holzstämme über das Flüsschen bis in die Elbe trieb. Ein gefährliches Geschäft in eiskaltem Wasser – selbst im Sommer misst die Kirnitzsch gerade 8 Grad. Mancher Flößer verlor erst das Gleichgewicht und dann das Leben. Heute kann man sich bei einer Kahnfahrt auf dem engen Stausee noch einiges von der harten Arbeit der Waldarbeiter und Flößer berichten lassen.

SACHSEN / **HINTERHERMSDORF**

Hinterhermsdorf liegt an der Grenze zwischen dem Elbsandsteingebirge der Sächsischen Schweiz und dem Granit des Lausitzer Berglandes. Wanderer und Kletterer locken Hügel im Norden und Felsen im Süden. Zur tschechischen Grenze sind es nur ein paar Kilometer, und für Radfahrer und Fußgänger gibt es mehrere Übergänge (ohne Kontrollstelle – Personalausweis aber trotzdem nicht vergessen!). Mehr Vielfalt kann man in einem Urlaub kaum ertragen. Und so kommen die »Sommerfrischler« (wie sie Urlauber hier nennen) schon seit über 100 Jahren nach Hinterhermsdorf.

Wie gut, dass man nach aufregenden Tagen abends auf einen kleinen, idyllischen Platz zurückkehren kann, um es sich gemütlich zu machen. »Am Thorwaldblick« ist man mittendrin – aber trotzdem irgendwie herrlich ab vom Schuss.

SONNENSEITE: Klein & familiär, perfekt gelegen für den Nationalpark Sächsische Schweiz & Tschechien.
SCHATTENSEITE: Schnell ausgebucht mit nur etwa 50 Plätzen – und die Dorfstraße führt direkt am Zeltplatz vorbei.
KOSTEN: Kinder 3,50 €, Erwachsene 5 €, Zelt und Bulli 3,45 € bis 6 €, Strom 2,50 €.
KLO & CO.: Gerade wird ein neuer Sanitärblock gebaut. Wir sind gespannt!
ESSEN & TRINKEN: Die Rezeption verkauft nur das Nötigste, aber Hinterhermsdorf ist nur einen Fußmarsch entfernt.
STADTPROGRAMM: Zwei fantastische Städte liegen nicht weit entfernt: Das Elbflorenz Dresden (60 km) mit Zwinger und Liebfrauenkirche – und die Goldene Stadt Prag (130 km) mit Karlsbrücke und Nachtleben.
LANDPARTIE: Hoch hinaus geht's auf dem Aussichtsturm auf dem Weifberg – ein großartiger Rundblick über die Sächsische Schweiz. Tief hinab geht's auf der Festung Königstein mit ihren unterirdischen Befestigungsanlagen. Beides in Wanderdistanz.
ABENTEUER: Die Sächsische Schweiz ist ein Klettermekka mit mehr als 1000 Gipfeln. Die Kletterschule Klettermax hilft beim Erklimmen (035971 86997, kontakt@klettermax-online.de).
GRILLFREI: Zünftiges Wandereressen kocht die Buchenparkhalle (Buchenstraße 11, 01855 Hinterhermsdorf, 035974 55763 oder 0175 2436290, www.buchenparkhalle.com).
HIN & HER: Die nächsten Bahnhöfe sind in Neustadt/Sachsen und Bad Schandau – der Campingplatz bietet einen Shuttle-Service an. Mit dem Auto über die A4, Abfahrt Burkau, dann über Bischofswerda, Neustadt, Sebnitz nach Hinterhermsdorf oder über die A17, Abfahrt Pirna, dann B172 bis Bad Schandau, durch das Kirnitzschtal bis Hinterhermsdorf.
GEÖFFNET: Ganzjährig.
AUSWEICHQUARTIER: Schön gelegen ist auch »Panorama-Camping Kleine Bergoase« (Obere Straße 19, 01855 Kirnitzschtal / Ortsteil Mitteldorf, 0176 22906528, www.berg-oase.de).

Campingplatz Thorwaldblick, Schandauer Straße 37, 01855 Hinterhermsdorf

t 035974 50648 | w www.thorwaldblick.de | info@thorwaldblick.de

SACHSEN / **NEISSEAUE**

Kulturinsel Einsiedel [47]

Erwachsene Menschen fühlen sich in diesem Winkel von Sachsen schnell behäbig, grau und langweilig. Die Kulturinsel Einsiedel gehört anderen Lebewesen: Quer über den Weg flitzen kleine Gestalten. Sie huschen über eine Lichtung, links heraus aus der Betonröhre, rechts hinein in ein Dickicht, das erst bei genauem Blick den Eingang zu einem kleinen Geheimpfad preisgibt. Sie jauchzen und rufen freudig »huuuuh«, man hört ihre Schritte, aber man sieht sie nur selten: Kinder finden ihre eigenen Wege durch diesen Abenteuerpark, der so weit im Osten Deutschlands liegt, dass danach nur noch die polnische Grenze kommt.

Auf der Kulturinsel Einsiedel marschiert man durch die Fantasien eines Überkreativen: Jürgen Bergmann, heute Mitte 50, begann seinen Berufsweg als Holzbildhauer. Damit Menschen seine Kunst kauften, stellte er sie nach der Wende an die Landstraße. Irgendwann eröffnete er ein kleines Café. Schnell eroberten seine Skulpturen die Landschaft – heute blitzen sie hinter fast jedem Baum hervor auf einem Gelände, das sich »Abenteuerfreizeitpark« nennt: keine Fahrgeschäfte, kein Lärm, sondern Natur pur plus bekletter- und behüpfbare Fantasien. »Der Herr der Ringe« für Pazifisten, »Harry Potter« für Konsumverweigerer, »Being John Malkovich« (samt halber Etage) für Naturburschen.

Kinder fühlen sich hier zu Hause, aber selbst sie sind nur zu Gast. Denn in Bergmanns Fantasiewelt lebt er selbst als »König Bergamo«, und mit ihm bewohnen Waldgeister, Trolle, Elfen und Hexen »Turi Sede«, wie er sein Land nennt. Und wo könnten sie standesgemäßer residieren als in Baumhäusern? Immerhin sind die Bewohner von »Turi Sede« gastfreundlich, vermieten sie doch ihre Baumbauten: »Bodelmutzens Geisterhaus«, »Modelpfutzens Wipfelgipfel«, »Fionas Luftschloss« oder »Thor Alfons Astpalast«, keines gleicht dem anderen. Verwinkelt, mit steilen Treppen, schiefen Räumen, aber viel Komfort, Toilette inklusive. Wenn der Wind die Bäume bewegt, knarren und knacken die Häuser, dazu reiben sich die Blätter – das Wellenrauschen der Wälder.

Die Baumhaus-Vermieter erwarten übrigens, dass man ihnen Geschenke mitbringt für ihre recht eigentümlichen Sammlungen (Bodelmutz liebt Wecker, Modelpfutz dagegen Berg-Postkarten). Dafür liegt ein Geheimgeschenk für Besucher bereit, natürlich in einem Geheimfach, das man erst finden muss.

Eine fantastische Welt, in die der Eintritt einiges kostet (mehr als 300 € für das größte Baumhaus pro Nacht), aber es geht auch billiger. In den Zelten des Waldsiedlums zum Beispiel, die an Jurten erinnern. Im Baumbett – einem Zelt in den Wipfeln – oder im Erdhaus. Und außerhalb des eigentlichen Parks steht auf einer Wiese noch ein eigentümliches Dorf. Tipis waren gestern, das

SACHSEN / **NEISSEAUE**

»Behütum« ist heute. An seinen Vorfahren erinnert nur der weiße Stoff, die Form ist einmalig: wie ein freundlich-tolpatschiges Urtier auf sechs Beinen, mit bunter Mütze kommen die Behütums daher. Und wem selbst diese Unterkunft zu teuer oder zu schräg ist, der darf auf der Kulturinsel auch einfach sein eigenes Zelt aufschlagen, den Park links liegen lassen und die wunderschöne Umgebung entlang der Grenze erwandern.

Es wird niemanden überraschen, dass die Kultur-»Insel« nur an einer Seite von Wasser begrenzt wird: Die Neiße fließt am Grundstück vorbei – keine wirkliche »Insellage«. Aber wenn erwachsene Menschen ihre ersten Schritte durch Bergamos Wunderland gehen, glauben sie schnell, auf einer Insel zu sein. Denn gäbe es eine Verbindung zum deutschen Festland, müsste unsere Nation schon längst bunter, spielerischer und verrückter sein. Wer einmal auf der Kulturinsel war, der kann die graue, behäbige, langweilige Welt da draußen nicht mehr so ernst nehmen, wie sie sich manchmal gibt.

SONNENSEITE: Ein Fabulosum für Draußenschläfer – vom Baumhaus, Behütum, Waldsiedlum bis zum eigenen Zelt.
SCHATTENSEITE: Die Baumhäuser sind früh ausgebucht, obwohl die Preise wipfelhoch sind.
KOSTEN: Baumhaus ab 220 € (für 2 Erwachsene und 2 Kinder inklusive Eintritt), Waldsiedlum-Zelte 49 € für Erwachsene / 39,50 € für Kinder inklusive Eintritt, Behütum-Zelt 17,50 € / 12,50 €, Schlafen im eigenen Zelt oder Bulli 6–8 €, dazu 5,50 € / 3,50 € pro Person.
KLO & CO.: Die Morgentoilette wird nicht langweilig – selbst das Sanitärhaus ist ein Fantasiebau.
ESSEN & TRINKEN: Der Park bietet mehrere Restaurants, darunter das Krönum mit Acht-Gänge-Mittelalter-Schnickschnack-Menü. Übernachtungsgäste können Frühstück buchen (6 € für Erwachsene, 4 € für Kinder).
STADTPROGRAMM: Die östlichste Stadt Deutschlands liegt 17 km weiter südlich: In Görlitz an der Neiße wurde im Zweiten Weltkrieg kaum etwas zerstört – 4000 Baudenkmale warten auf Besucher (was da wohl alles mitgezählt wurde!). Die östlichen Stadtteile gehören heute zu Polen und sind eine eigenständige Stadt (Zgorzelec). Berühmtes Kind von Bad Muskau (40 km nördlich) ist Fürst Pückler, der nicht nur dem Erdbeer-Schoko-Vanille-Eis seinen Namen gab, sondern einen einzigartigen Landschaftspark baute (heute grenzübergreifendes, polnisch-deutsches Weltkulturerbe).
LANDPARTIE: Die Einsiedler haben eine »Wanderbrücke« über die Neiße gebaut – ein Floß für Radfahrer und Spazierfreunde. Auf der polnischen Seite beginnt Mitteleuropas größtes geschlossenes Waldgebiet, die Niederschlesische Heide, wo sogar noch Auerhühner gesichtet werden.
ABENTEUER: Eine Rafting-Tour im Schlauchboot auf der Neiße – erst seit 2002 wieder möglich (Neiße-Tours, Tormersdorfer Allee 1, 02929 Rothenburg, 0160 1818588, info@neisse-tours.de). Neiße-Tours bietet übrigens auch eine kleine Zeltwiese für (Fluss-)Wanderer.
GRILLFREI: Neben den Restaurants der Kulturinsel – »Lucie Schulte« in Görlitz. Benannt nach einer um 1890 lebenden Gastronomin, moderne schlesische Küche im historischem Tonnengewölbe (oder bei gutem Wetter unter freiem Himmel). Untermarkt 22, 03581 410260.
HIN & HER: A4, Abfahrt Kodersdorf, Richtung Görlitz, an der Kreuzung in der Senke links abbiegen in Richtung Rothenburg, ca. 2 km hinter der Ortschaft Zentendorf im Wald an der Neiße. Mit der Bahn bis zum Bahnhof Görlitz und mit der Buslinie 139 oder 140 bis Zentendorf/Kulturinsel.
GEÖFFNET: März bis Oktober.
AUSWEICHQUARTIER: Camping auf dem Bauernhof in Vierkirchen (Familienferienhof Leubner, 02894 Vierkirchen, 035876 40410, an@ferienhof-leubner.de) oder klassisch am Biehainer See (Am Waldsee, 02923 Biehain, 035892 5446, info@camping-ebs.de).

Kulturinsel Einsiedel, 02829 Neißeaue, Ortsteil Zentendorf
t 035891 49115   w www.kulturinsel.de   Info@kulturinsel.de

SACHSEN / **NEISSEAUE**

BADEN-WÜRTTEMBERG / **FREIBURG**

Hirzberg Camping [48]

Diese Schranken sind schrecklich. Rot-weiße Schlagbäume, die das Ende jeder Freiheit beschreien: »Spaß muss leider draußen bleiben.« Wie ein übergroßer, warnender Zeigefinger, der sich hebt und senkt. Ein armdickes Symbol deutscher Campingkultur der 70er Jahre. Als ich nach hunderten Kilometern auf Autobahn und Landstraße endlich auf dem Hirzberg in Freiburg ankomme, würde ich am liebsten gleich wieder umdrehen. PKWs und Wohnmobile drängen sich auf dem engen Platz vor dem rot-weißen Mahnmal des Campingplatzes. Und ich habe das Gefühl: Hier finde ich nie ein Plätzchen für die Nacht. Gar nicht cool.

Dann jedoch erblicke ich einen großen, drahtigen Mann mittleren Alters, der offenbar schon einige Meter gelaufen ist heute. Er sieht geschafft aus, aber er lächelt ins Fenster des ersten Wohnmobils in der Reihe. Die schreckliche Schranke öffnet sich, und Mann und Mobil verschwinden. Es dauert gar nicht lange, bis ich an der Reihe bin. Die gute Nachricht: Doch, er habe noch ein Plätzchen für mich. Georg Ziegler, der Chef selbst, geht vor, und mein VW-Bus »Florence« und ich folgen langsam bis zu einer schattigen Ecke am Rande des Platzes.

Es sei ein bisschen schief hier, sagt Georg Ziegler. Florence hat schon bei ganz anderem Gefälle geparkt, und seine Insassen sind nachts durcheinandergepurzelt, aber gut:

Schon läuft Ziegler davon und kehrt mit zwei Holzbrettchen zurück. Dann dirigiert er mich auf meinen Platz, schiebt die Brettchen unter die Reifen – unendlich freundlich und geduldig, bis ich schließlich gut stehe. Erst dann verschwindet er wieder. Schnell zurück zur Schranke!

Als ich mich später an der Rezeption anstelle, werde ich warm, freundlich und offen empfangen. Keine Spur davon, dass der enorme Andrang des City-Campingplatzes die Inhaber anstrengen würde – Gastfreundschaft pur. Es ist vor allem diese Atmosphäre, die den Hirzberg zu einem besonderen Plätzchen macht – nur etwas mehr als einen Kilometer von der Freiburger Innenstadt entfernt.

Die Besitzer denken mit, und sie denken weiter: Ein eigener Leseraum mit kleiner Bibliothek und Spielen steht Besuchern offen. Morgens gibt es ein kleines Frühstücksbuffet mit Müsli, Brötchen und Marmelade zum Mitnehmen. Es ist schon wunderbar, wenn man nicht erst den Gaskocher anfeuern muss, bevor man eine Tasse heißen Kaffees in den Händen hält.

Am Rand des Platzes stehen hier und da seltsame Metallschalen. Und wenn ich zunächst auch fürchte, dies könnten abgestellte Satellitenschüsseln ausgeflogener Dauercamper sein, bin ich bei genauer Betrachtung begeistert: Auf dem Hirzberg gibt es Solarkochstellen, die Sonne bündeln

BADEN-WÜRTTEMBERG / **FREIBURG**

und auf einen schwarzen Topf lenken. Für jedermann benutzbar, als hätte der Bürgermeister selbst dafür gesorgt. Schließlich wird Freiburg als erste Großstadt der Republik seit bald zehn Jahren von einem Grünen Bürgermeister geführt.

Der Campingplatz liegt unter vielen Bäumen. An einem Freitag im Sommer stehen Bullis und Zelte schon sehr eng aneinander. Abends im Halbdunkel flüstern auf dem Hirzberg fast alle Sprachen dieser Welt. Das Gelände steigt von der Rezeption aus langsam an. Und ganz oben, dort, wo der Wald endet, öffnet sich eine Wiese. Mit Seilen abgetrennt liegt hier das Kleinod des Platzes – eine Zeltplätzchen in der Natur. Die Schlange der Wohnmobile ist vergessen, ebenso der Trubel an der Rezeption. Und ich räume ein: In Freiburg bedeutet die Schranke nicht etwa Disziplin, Nachtruhe oder »Spaß verboten« – sie trennt nur die hektische, enge Stadt von der Freiheit eines stadtnahen Campingplatzes, der schöner kaum sein könnte.

SONNENSEITE: Fantastische Lage nahe dem Stadtzentrum, mit kleiner, abgetrennter Zeltwiese.
SCHATTENSEITE: In der Hochsaison oft ausgebucht und etwas eng. Und der heimische Fuchs frisst Camperschuhe.
KOSTEN: In der Hochsaison zahlen Erwachsene 7,80 €, Kinder 3 €, pro Zelt 4–5 €, Bulli 4,80 €. In der Nebensaison etwas weniger.
KLO & CO.: Schöner, neuer Sanitärblock am Eingang – von der Zeltwiese ein kleiner Fußmarsch.
ESSEN & TRINKEN: Ein kleiner Laden versorgt Urlauber mit dem Nötigsten – und morgens mit einem kleinen Frühstücksbuffet samt heißem Kaffee.
STADTPROGRAMM: Mit dem Fahrrad in 7 min, zu Fuß in 20 min nach Freiburg mit seinem berühmten Münster, dem täglichen Bauernmarkt, dem Historischen Kaufhaus und vielen Clubs, Biergärten und Kneipen.

LANDPARTIE: Der mit rund 180 km längste Wander-Querweg im Schwarzwald von Freiburg nach Konstanz verläuft wenige Meter oberhalb des Campingplatzes. Die erste Etappe nach Buchenbach bietet schöne Ausblicken und abwechslungsreiche, schmale Pfade (ca. 16 km).
ABENTEUER: Das Stoffpäckchen aus dem Rucksack holen und davonschweben: Doppelsitzerflüge mit Gleitschirm bietet unter anderem Skytec, Langackerweg 7, 0761 4766391, info@skytec.de. Der DGFC (www.dgfc-suedschwarzwald.de) vermittelt Drachen- und Ultraleichtflüge.
GRILLFREI: Die Enoteca bietet »gastronomische Unterstützung für Feinschmecker, Faule und Untalentierte«. Leichte italienische Küche auf hohem Niveau, aber kein Gourmettempel mit weihevollem Anstrich (Schwabentorplatz 6, 79098 Freiburg, 0761 3899130, restaurant@enoteca-freiburg.de).

HIN & HER: Vorsicht mit dem Auto – der Platz liegt in der Freiburger Feinstaub-Umweltzone (Umweltplakette!). Mit der Bahn – ab Bahnhof (auf der Brücke über den Gleisen) Linie 1 Richtung Littenweiler, bis Haltestelle Stadthalle. In die Unterführung und nach links, immer geradeaus bis zum Fluss Dreisam, über den Max-Müller-Steg geradeaus bis zur Kartäuserstraße. Der Eingang liegt 30 m nach links.
GEÖFFNET: Ganzjährig.
AUSWEICHQUARTIER: Der Campingplatz am Möslepark (Waldseestr. 77, 79117 Freiburg, 0761 7679333, www.camping-freiburg.de) vermietet neben Stellplätzen einen urig ausgebauten Holzwagen mit Namen »Örl« – ca. 2,5 km von der Innenstadt.

Hirzberg Camping, Kartäuserstraße 99, 79104 Freiburg

t 0761 35054   **w** www.freiburg-camping.de   **@** hirzberg@freiburg-camping.de

BADEN-WÜRTTEMBERG / **UHLDINGEN-MÜHLHOFEN**

Camping Seeperle 49

Dieses Kleinod wird besonders sorgsam behütet: Eine Mauer versperrt die Sicht, das Tor ist blickdicht und mannshoch, ein Zahlenschloss sichert die Tür. Wer sich nicht angemeldet hat, der könnte seine Schwierigkeiten haben, auf diesen Campingplatz zu gelangen. Denn selbst wenn die Tür offen steht, gilt es, ein zweites Hindernis zu überwinden: Manfred Meier, den Platzinhaber. Ein netter Kerl, doch gibt er sich gern reserviert, wenn Urlauber unangemeldet mit Campingführer unter dem Arm bei ihm auf der Matte stehen. Kurzurlauber sind seine Sache nicht.

Denn im Sommer quälen sich zu viele Autos um den Bodensee, und zu viele Wohnwagen verstopfen die Campingsiedlungen am Ufer. Ruhe gibt es wenig in der Hochsaison, es sei denn, die Tür zum »Campingplatz Seeperle« fällt hinter einem ins Schloss. »Wie lange wollen Sie denn bleiben?«, fragt Manfred Meier Neuankömmlinge. Und nur, wer ein wenig Zeit mitgebracht hat, läuft in offene Arme und findet eine Heimat auf dem schönsten Campingplatz am Bodensee.

Manfred Meier sucht sich seine Gäste aus. Damit schafft er eine Atmosphäre, die am Dreiländersee einzigartig ist: entspannte Ruhe, offene Freundlichkeit – Familien, Einzelreisende, Bullis und Wohnwagen – eine feine Mischung. Jugendgruppen lehnt Meier ab, und seine Nachtruhe gilt von 21 bis 8 Uhr. Den fantastischen Blick hinaus auf den See wird man so besonders genießen können – in der Stille der blauen Stunde.

Wie wählerisch Manfred Meier ist, das kann man auch schmecken: Am kleinen Kiosk verkauft er Birnen und Äpfel, die auf dem Zeltplatz an alten, knorrigen Bäumen wachsen. Eines dieser Früchtchen, das »Geißhirtle«, gilt als besonders gute Tafelbirne: Eher klein, aber sehr süß und saftig, mit Zimtaroma – eine Birne wie der Campingplatz. Denn auch der Aufenthalt in der »Seeperle« ist eines der süßesten Campingerlebnisse, das Süddeutschland bietet.

Camper wohnen unter den Obstbäumen direkt am Seeufer – die Zelte stehen vorn, hinaus bis auf eine kleine Landzunge, die sich in den See reckt. Dahinter finden Bullis und Wohnwagen ihr Plätzchen. Eine grüne Wiese, eben, mit festem Boden. Und von fast jedem Platz aus sieht man den großen See. Wer sich ein Fläschchen Wein von einem der umliegenden Güter mitbringt, der braucht nur noch die Decke auszubreiten und zu genießen, wie Boote und Bötchen vorüberziehen, wie die Wolken sich jagen über dem Bodensee – wenn es sie denn überhaupt gibt. Denn im Jahr 2009 wurden hier, in Uhldingen-Mühlhofen, die meisten Sonnenstunden Deutschlands gemessen (übertroffen nur von zwei Wetterstationen auf der Ostseeinsel Hiddensee. 2077 Stunden eitel Sonnenschein, das sind durchschnittlich fast

BADEN-WÜRTTEMBERG / UHLDINGEN-MÜHLHOFEN

6 Stunden an jedem Tag – ideal für Schönwetter-Camper!

Es war ein hoher Herr aus Freiburg, der diesem Paradies auf die Sprünge half: Manfreds Eltern betrieben auf dem Grundstück am Bodensee einen Obsthof – zu klein, um zu bestehen. Und so legte der Regierungsbeamte ein gutes Wort für die Meiers ein. Die Genehmigung wurde erteilt, und das Schilf am Seeufer wurde zugunsten eines Campingplatzes trockengelegt. Seit 1962 schlagen Urlauber hier nun ihre Heringe ein. Und von der Atmosphäre damals ist bis heute viel erhalten geblieben: Man vergisst die Zeit, wenn man sich zu den Zeltnachbarn vorn an die Badestelle setzt, ein Buch liest und sich am freien Blick satt sieht.

Wer die Seeperle ein paar Tage genossen hat, der versteht, dass man sie mit Mauer, Tor und einem freundlichen Türsteher schützen muss vor den rast- und ruhelosen Reisenden, die keine Zeit haben, um anzukommen.

SONNENSEITE: Hier schlafen Sie in der ersten Reihe direkt am Bodensee.
SCHATTENSEITE: Die Betreiber mögen Urlauber, die ein paar Tage bleiben – und lassen andere schon mal abblitzen.
KOSTEN: Kinder 4 €, Erwachsene 7 €, Zelt und Bulli 11 bis 15 €.
KLO & CO.: Alles da – inklusive Babywickelraum.
ESSEN & TRINKEN: Der Kiosk verkauft selbstgepflückte Birnen, Äpfel, Snacks und Bier.
STADTPROGRAMM: Meersburg (7 km) und Lindau (50 km) sind Touristenmagneten, aber nicht ohne Grund: Meersburg bietet historische Stadttore, Burg und Schloss, Lindau unter anderem den »Mangenturm« – erbaut »zu Leuchte, Schutz und Trutz unseres Seehafens; ein kräftig Wahrzeichen«, erzählt die Inschrift des Bodensee-Leuchtturms.
LANDPARTIE: Mit dem Fahrrad (Verleih im Hotel Knaus, Seestraße 1, 07556 8008) oder Kajak (auf dem Campingplatz) den Bodensee erforschen.
ABENTEUER: Die Deutsche Zeppelin-Reederei in Friedrichshafen (Allmannsweilerstr. 132, 88046 Friedrichshafen, 07541 5900-0, www.zeppelinflug.de) bietet Rundflüge über den Bodensee ab 200 € für eine halbe Stunde.
GRILLFREI: Rustikal und familienfreundlich bewirtet die Besenwirtschaft des »Spargelhofs« in Seefelden (88690 Uhldingen-Seefelden, 07556 6010, www.bodenseespargel.de).
HIN & HER: Der Bahnhof Uhldingen liegt an der Bahnlinie Friedrichshafen – Singen, nach Seefelden sind es ca. 1,5 km (20 min zu Fuß). Der Campingplatz liegt an der B31 zwischen Singen und Lindau am Nordufer des Bodensees.
GEÖFFNET: Mitte April bis Mitte September.
AUSWEICHQUARTIER: Camping Eschbach, eine kleine Zeltwiese nahe dem Bodensee (leider nicht direkt am See!), liegt rund 40 km weiter in Wasserburg (Höhenstraße 16, 08382 887715, camping-eschbach@web.de). Konventioneller (aber mit Sauna) ist der Campingplatz Wirthshof (ca. 7 km, Steibensteg 12, 88677 Markdorf, 07544 9627-0, www.wirthshof.de).

Camping Seeperle, Seefelden am Bodensee, 88690 Uhldingen-Mühlhofen

| t | 07556 5454 | w | www.camping-seeperle.de | @ | info@camping-seeperle.de |

BADEN-WÜRTTEMBERG / ENZKLÖSTERLE

Müllerwiese 50

Im Schwarzwald nennen sie es die »Anderswelt«: Hier leben die buckligen Männlein und weißen Burgfräulein, die Mühlknechte und Hexen, die Schorchengeister und Königstöchter. Wer einmal unter den düsteren Fichten des Schwarzwaldes wanderte, der hat diese Wesen vielleicht gehört oder zwischen den Baumstämmen hin- und herflitzen sehen. Die Bewohner der Anderswelt sind den Menschen im Schwarzwald fast ebenbürtig, so allgegenwärtig sind sie in der Kultur.

Ob ihr euch auch auf der Müllerwiese Waschhaus und Spülbecken mit den Bewohnern der Anderswelt teilen müsst, wollen wir nicht verraten. Fest steht jedoch, dass ihr auf diesem Platz märchenhaft schlafen werdet. Ursprünglich setzten Hans und Friedrich Erhard, ein dynamisches Vater-Sohn-Gespann, alles daran, Campern das Leben zu versüßen. Mittlerweile hat Vater Hans ein stattliches Alter erreicht und beschränkt sich auf freundlichen Rat in allen Lebens- und Campinglagen. Dafür steckt nun Friedrichs Ehefrau Susanne ihre gesamte Energie ins Enzklösterische Campingglück. Der große Platz im 1200-Seelendorf fällt in zwei Teile. Im ersten, hinter Jägerzaun und Gartentor, beherrschen Wohnwagen und Vorzelte das Bild. Im zweiten, deutlich abgesetzt vom Wohnwagen-Park, gibt es nichts als Zelte, auf einer kleinen, feinen Wiese.

Dieser Teil der Müllerwiese ist durch das Flüsschen Große Enz von der Straße getrennt. Kein Auto, kein Bulli kommt über die flache Furt: Urlauber müssen mit Sack und Pack zu Fuß über das Bächlein klettern (oder sie nehmen die kleine Brücke ein paar Meter weiter, aber das wäre wenig romantisch). Wer einen halben Hausstand transportiert, kann sich einen kleinen Handwagen leihen. Die Lage gibt dem Platz seine unverwechselbare Atmosphäre: 25, 30 Zelte, zum Teil unter den hohen Fichten am Ufer der Enz, zum Teil gegenüber in der Sonne. Genügend Platz für jeden, ohne dass man sich zu sehr auf die Pelle rückt. Es gibt eine Tischtennisplatte, eine Schaukel und eine Wippe, doch meist spielen die Kinder sowieso im und am Fluss, bauen Dämme und Stromschnellen. Die Sanitäranlagen sind gut in Schuss, und die Erhards bemühen sich mit umfangreichen Informationen und Tipps um ihre Gäste.

Der Luftkurort Enzklösterle lässt kaum Wünsche offen. Und auch die Torte, die dem Schwarzwald ihren Namen gab (oder war es andersherum?) kann beim Bäcker kiloweise verschlungen werden. Hinter dem Dorf beginnt dann der Hochschwarzwald mit seinen stolzen Tannen, plätschernden Bächen und kristallklaren Seen, Blumenlichtungen und einsamen Mooren. Tausende Kilometer Wanderweg geben gute Möglichkeiten, Platz für die nächsten Tortenschlachten zu schaffen.

Denn es könnte vielleicht ganz hilfreich

BADEN-WÜRTTEMBERG / **ENZKLÖSTERLE**

sein, im Schwarzwald nicht allzu behäbig über die Wanderwege zu stapfen: Wenn doch einmal ein böses buckliges Männlein im Walde steht, dann will man schließlich schnell Reißaus nehmen können – zurück in die Sicherheit der Müllerwiese. Zwar leben auch auf dem Zeltplatz vielleicht auch einige Wesen aus der Anderswelt, aber sicherlich nur die nettesten. Denn alle anderen würden in der großartigen, friedlichen, freundlichen Atmosphäre der Müllerwiese schnell zugrunde gehen.

Gut übrigens, dass die Müllerwiese ganzjährig geöffnet ist: Denn zwischen Weihnachten und Dreikönig am 6. Januar steht die Pforte zur Anderswelt angeblich ein kleines Stückchen weiter offen als sonst. Wer die kleinen, ein wenig schaurigen Ureinwohner des Schwarzwaldes also garantiert erleben will, der sollte Wintercamping auf der Müllerwiese in Betracht ziehen. Die warme Dusche kostet allerdings 50 Cent.

SONNENSEITE: Eine Zeltwiese, wie sie im Cool-Camping-Buche steht: Grün, friedlich und frei.
SCHATTENSEITE: Es gibt nur Platz für 30 Zelte – Bullis dürfen nicht auf die Zeltwiese, aber in den angrenzenden Wohnwagen-Bereich.
KOSTEN: Erwachsene 6,50 € zzgl. 1,80 € Kurtaxe, Kinder 3,50 €, Zelt mit Auto / Bulli 6,50 €, Strom 2,50 €.
KLO & CO.: Neue Klos und Duschen auf der Zeltwiese, Babywickeltisch und Waschmaschine 100 m entfernt.
ESSEN & TRINKEN: Die Rezeption selbst verkauft nur Getränke und wenig Lebensmittel, Enzklösterle aber bietet aber bietet Metzger, Supermarkt, Drogerie, Bäckerei und Frisör.
STADTPROGRAMM: Der schon von den Römern geschätzte Kurort Baden-Baden liegt nur 40 km entfernt – samt großem Spielcasino im Kurhaus. Und wir dachten, Glücksspiel gefährde die Gesundheit.
LANDPARTIE: Die Macher der Müllerwiese haben ein 15-tägiges Wander-Fahrrad-Wellness-Programm ausgearbeitet, komplett mit Beschreibungen und GPS-Daten – fantastisch!
ABENTEUER: Fast 1,5 km Riesenrutschbahn warten um die Ecke (75337 Enzklösterle-Poppeltal, 07085 7812, info@riesenrutschbahn.de).
GRILLFREI: Das Hotel Sarbacher in Kaltenbronn (Kaltenbronner Str. 598, 07085 7812, www.hotel-sarbacher.de) pflegt eine gute regionale Küche mit viel Wild.
HIN & HER: Mit dem Zug bis Bad Wildbad. Von dort fährt der Bus nach Enzklösterle, die Haltestelle »Hetschelhof« liegt 300 m vom Campingplatz. Mit dem Auto aus Norden und Osten über die A8, Ausfahrt Pforzheim-West, dann B294 nach Calmbach, weiter über Bad Wildbad fahren nach Enzklösterle. Von Basel oder Frankfurt über die A5, Ausfahrt Rastatt, dann über Freudenstadt. Vom Bodensee über die A81, Ausfahrt Herrenberg, dann auf der B28 über Nagold, Altensteig und Simmersfeld.
GEÖFFNET: Ganzjährig.
AUSWEICHQUARTIER: In Altensteig liegt der landschaftliche schöne Platz »Schwarzwald-Camping« mit Badesee (Im Oberen Tal 3-5, 07453 8415, www.schwarzwaldcamping.de).

Campingplatz Müllerwiese, Hirschtalstraße 3, 75337 Enzklösterle

t 07085 7485 w www.muellerwiese.de   info@muellerwiese.de

BADEN-WÜRTTEMBERG / **STUTTGART**

Der Sonnenhof [51]

»**F**eschte bimmeln« soll man, damit der Chef kommt. Willkommen im Ländle, aber nicht auf dem Land. Der Sonnenhof ist eine Fata Morgana in den Weiten der Stadtwüste Stuttgart – »Freiraum für vieles« verspricht der überall verklebte Slogan. Und man bekommt genau das: Freiraum, unter anderem für Augen und Ohren. Man kann seinen Blick über Felder und Wiesen schweifen lassen, obwohl die S-Bahn Urlauber in weniger als einer halben Stunde am Stuttgarter Hauptbahnhof auswirft. Und es ist ruhig, fast still dafür, dass man mitten in den bebauten Hügeln rund um Stuttgart lebt.

Wenn man schließlich »feschte gebimmelt« hat, bringt einen Sonnenhof-Chef Lutz Hörr auf die Zeltwiese. Schön, eben, sattgrün und unparzelliert – den Platz für Zelt oder Bulli kann man sich aussuchen. Es fehlen nur ein paar Bäume, die Schatten spenden. Dauercamper gibt es keine, abgesehen von ein paar Saisonarbeitern, die ihre Wohnwagen in der Ecke abgestellt haben. Ein riesiger Spielplatz lockt Kinder an. Und wer den Nachwuchs nachhaltig loswerden will, kann ihn bis zum Nachmittag zum Reitkurs oder bis zum Abend ins riesige Maislabyrinth schicken (vielleicht sollte man spätestens vor Einbruch der Dunkelheit damit beginnen, Lasse, Lisi und Lotti zu suchen – bis dahin werden sie sich prächtig amüsieren). Es ist ein seltsames Gefühl, hier oben zu zelten. Denn man weiß von der nahen Stadt, aber man spürt, hört und sieht sie kaum. Nur am Wochenende erinnern die vielen Besucher daran, dass irgendwo in der Nähe eine größere Siedlung liegen muss.

Der Sonnenhof ist ein Erlebnishof, der Hofmarkt und Hochzeitsfeiern, Piratentage und Projektwochen mit der Schule auf die Beine stellt, und noch viel mehr. Einsam ist man hier nur selten, höchstens abends, wenn es ruhiger wird. Und es gibt so viel Platz, dass niemand sich fürchten muss, von Trubel und Tamtam vereinnahmt zu werden. Hinter diesem Konzept steckt Lutz Hörr, der gesteht, er habe »nicht so viele Berührungspunkte mit der Landwirtschaft« gehabt, kurzum: keine Lust auf ein Leben auf dem Trecker. Dabei ist er hier aufgewachsen, ein Bauernsohn.

Lutz' Eltern ackerten in einer ertragreiche Nische – der Sonnenhof war ein Erdbeerhof. 1978 begannen sie mit dem Direktverkauf, der Hofladen wurde ein Renner. Und dann kam der Tag, als Lutz übernehmen sollte. Und der Sohn musste seinem Vater sagen: Papa, ich möchte etwas ganz anderes machen. Ein Schlag für den Vater? Überhaupt nicht. Hörr senior war begeistert, berichtet Lutz. Mit seiner Unterstützung begann der Umbau. Und so stehen auf dem Hof heute viele ausgediente Trecker herum, hinter deren Lenkräder sich glückliche Jungs und Mädchen klemmen. Lutz klemmt sich derweil lieber hinter seinen Laptop.

BADEN-WÜRTTEMBERG / **STUTTGART**

Der Campingplatz ist Lutz' jüngstes Projekt: Seit einem Jahr darf hier oben auch gezeltet werden – auf einem der schönsten Stückchen Erde, die das Stuttgarter Land zu bieten hat. Bekanntlich haben sie es in Baden-Württembergs Hauptstadt ja mit der Höhe: Wer unten im Tal leben muss, der zählt nicht viel. Wer es auf die Halbhöhe schafft, der gilt schon als etwas. Aber was ist wohl mit denen, die ganz oben thronen? Edelbürger auf Zeit sozusagen. Auf dem Sonnenhof kann man wie ein Sonnenkönig auf der Isomatte residieren und sich nur ab und an, zum Shoppen zum Beispiel, in die Niederungen des gemeinen Stuttgarts begeben. Man muss dafür nur einmal »feschte bimmeln«.

Die Frau, die Neuankömmlinge mit derartigen Anweisungen zum Chef schickt, ist übrigens die Mutter von Lutz Hörr. Es könnte für den Erfolg seines Konzeptes sprechen, wenn der Sohn von den eigenen Eltern nur noch als »Chef« bezeichnet wird.

SONNENSEITE: Camping auf dem Land – verdammt nah an der Stadt, inklusive Kinderprogramm.
SCHATTENSEITE: Steile Preise für Camper.
KOSTEN: 15 € für Erwachsene wie Kinder, 20 € im Wohnmobil, 35 € Familientarif.
KLO & CO.: A ganz Schdigg (ein ganzes Stück) zu Fuß – nicht direkt am Zeltplatz, sondern auf dem Hof.
ESSEN & TRINKEN: Der Sonnenhof hat einen exzellenten Hofladen mit Kräutergarten, frischen Früchten (nach Saison), Bratwurst-Schnitzel-Imbiss und Frühstück.
STADTPROGRAMM: Die Wilhelma in Stuttgart (Zoo und Botanischer Garten) ist europaweit für ihre Affenzucht bekannt. Ansonsten lockt nicht nur Stuttgart, sondern auch das benachbarte Ludwigsburg mit einer der größten barocken Schlossanlagen Deutschlands.
LANDPARTIE: Die »Hessigheimer Felsengärten« (ca. 35 km nördlich) sind berühmt und gerühmt. Tolle Aussicht von schroffen, kühn aufragenden Muschelkalkfelsen über dem Neckar samt Steillagen-Weinbau – und ein Eldorado für Sportkletterer.
ABENTEUER: Die Zugvögel (07142 920128, info@diezugvoegel.de) bieten Kanutouren auf dem Neckar ab Aldingen (500 m vom Bauernhof).
GRILLFREI: Die »Weinstube Vetter« ist mehr, als ihr Name verspricht – schwäbische Küche auf Sterneniveau, fantastische Weine und entspannte Atmosphäre (Bopserstr. 18, 70180 Stuttgart, 0711 241916).
HIN & HER: Manches Navi muss auf »Cannstatter Straße«, 71686 Remseck programmiert werden, dann den Schildern folgen. Oder mit der Stadtbahn U14 Richtung Remseck, Haltestelle Hornbach, ca. 12 min zu Fuß den Schildern folgen.
GEÖFFNET: Ganzjährig.
AUSWEICHQUARTIER: Stuttgarts Stadt-Campingplatz auf der Cannstatter Wasen (Mercedesstraße 40, 70372 Stuttgart, 0711 556696, info@campingplatz-stuttgart.de) ist, nun ja, speziell - ein asphaltierter Platz an der Bundesstraße. Aber zu Wasen-Zeit schläft man direkt neben der »Wilden Maus«-Achterbahn. Schwiegervater gefällt´s!

Der Sonnenhof, Sonnenhof 1, 70378 Stuttgart

t 0711 5074620 w www.dersonnenhof.com info@dersonnenhof.com

Ökoferienhof Retzbach

Albert Retzbach verrät seinen Zeltgästen gern, wie in Baden-Württemberg gemeinhin Landwirtschaft betrieben wird. »Der Bauer schaut aus dem Fenster und macht genau dasselbe wie der Nachbar.« Seine kleinen Augen funkeln, die Hände stecken in den Taschen der blauen Arbeitshose, und man ahnt schon: Bauer Retzbach selbst glaubt wohl nicht an diese Faustregel, ganz im Gegenteil. Albert hat schon immer alles anders gemacht.

Es begann damit, dass Albert sich in jungen Jahren für einen gewissen Rudolf Steiner interessierte. Der propagierte das gesunde Zusammenleben von Mensch, Tier und Pflanzen und verlangte, selbst kosmische Kräfte nicht aus den Augen zu lassen. Als Albert seinen Nachbarn davon berichtete, kam das im Ländle einem Meteoriteneinschlag gleich. Ein tiefer Krater tat sich zwischen Bauer Retzbach und manch konventionellem Landwirt im Hohenloher Land auf.

Albert machte trotzdem ernst und stellte seinen Hof schon 1975 auf die Regeln des Ökosiegels Demeter um. Allem Herkömmlichen sagte er Ade, willkommen hieß er Biogas-Anlage und sogar Touristen. Ende der 90er Jahre begann Familie Retzbach damit, Urlauber zu beherbergen. Zuerst im Heuhotel, doch als Orkan Lothar dann 1999 unzählige Bäume umriss, machte Albert aus der Not eine Tugend: Aus den umgefegten Baumstämmen baute er ein Ferienhaus für Touristen. Auf der Wiese vor dem Sturmhaus entstand ein kleiner Campingplatz. Sechs oder sieben Zelte und Bullis passen unter die alten Obstbäume am Rande der Siedlung Naicha. Nichts verstellt der Blick über die hügeligen Weiten der Felder.

Wer seine Heringe in Alberts Erde einschlägt, der wird so schnell nicht mehr losgelassen: Albert Retzbach ermuntert, ermahnt gar seine Besucher, sich doch die Kuhställe anzuschauen. Mit Ehefrau Magdalena Eier einzusammeln ist Ferienprogramm für Camperkinder. Wer hier urlaubt, wird wie selbstverständlich aufgenommen in das Zusammenleben zwischen Mensch, Tier und Pflanze. Und wenn kosmische Kräfte ein mächtiges Gewitter schicken, setzt man sich auf der Diele zusammen und hört Albert zu. Der unter anderem preisgibt, dass er aus Versehen schon einmal Wanderarbeiter beherbergte, die sich später als ETA-Terroristen herausstellten. Denn Bauer Retzbach begegnet Unbekannten offen und freundlich. Der Urlauber ist für ihn keine Cash-Cow, sondern Teil des Hoflebens. Nach diesem Credo engagiert sich die ganze Familie.

Und so kommt nach dem Regenguss Tochter Dorothee auf die Zeltwiese und wagt den ehrenhaften Versuch, mit pitschnassem Holz ein Lagerfeuer zu entfachen. Tochter Marlene betreut derweil die Internetseite,

BADEN-WÜRTTEMBERG / **NAICHA**

Sohn Alexander hilft im Stall, und Mutter Magdalene überzeugt die letzten Kinder im Heuhotel davon, dass Schlafenszeit ist.

Eine Lebensgemeinschaft auf dem Land, die offen ist für Mitglieder auf Zeit. Niemand muss fürchten, vereinnahmt zu werden. Wer aber gänzlich alleingelassen werden will, der ist in Naicha fehl am Platz. Denn Albert Retzbach ist ein sanfter Missionar: Er will Menschen seine Sicht auf das Landleben zeigen, weil er dann und wann eben doch aus dem Fenster schaut und sieht, was seine Nachbarn machen. Und das gefällt ihm ganz und gar nicht.

SONNENSEITE: Camping auf der Obstwiese – mit Familienanschluss, wenn man möchte.
SCHATTENSEITE: Etwas ab vom Schuss – ohne Auto wird's einsam.
KOSTEN: 14–19 € pro Zelt oder Bulli.
KLO & CO.: Separat im Bauernhaus – 50 m vom Zeltplatz.
ESSEN & TRINKEN: Selbstgemachtes Bauernhof-Eis in Demeter-Qualität. Wer mag, kann sein Frühstücksei selbst bei der Henne abholen und im Kuhstall Rohmilch tanken.
STADTPROGRAMM: 20 km entfernt, jenseits der bayerischen Landesgrenze, liegt Rothenburg ob der Tauber. Die mittelalterlichen Gässchen haben sogar die Harry-Potter-Filmcrew angezogen (»Harry Potter und die Heiligtümer des Todes«).
LANDPARTIE: Leihfahrrad gibt's auf dem Hof, vom Hohenloher Land jedoch hat man aus gutem Grund noch nicht viel gehört.
ABENTEUER: Kanutouren auf der Tauber ab Bad Mergentheim (z. B. Kanu-Touristik Drescher, 07931 2229, bootsvermietung-drescher@web.de). Die Retzbachs vermitteln zudem »Bauernhof-Wellness«: Reiki und Sinnerlebnis-Spaziergänge.
GRILLFREI: Regionale Produkte auf Sterneniveau im Gasthof Zum Hirschen, Blaufelden (Hauptstraße 15, 07953 1041, info@hirschen-blaufelden.de).
HIN & HER: A6, Ausfahrt Crailsheim/Satteldorf, Richtung Blaufelden. Über Schrozberg, Lindlein und Schmalfelden nach Naicha. Der nächste Bahnhof liegt in Blaufelden.
GEÖFFNET: Ganzjährig.
AUSWEICHQUARTIER: Mohrenhof in Geslau (s. Seite 217).

Ökoferienhof Retzbach, Naicha 7, 74572 Blaufelden – Naicha

 07953 542   www.oekoferienhofretzbach.de @ Oekoferienhof.retzbach@web.de

Mohrenhof 53

Auf dem Mohrenhof haben sie die Zeichen der Zeit früh erkannt: Mit Camping lässt sich (wieder) Geld verdienen in Deutschland – wenn man's richtig macht. Vor zehn Jahren begann Familie Mohr also damit, sich neben dem Bauernhof ein zweites Standbein aufzubauen. Die Zutaten stimmten: Camperkinder sind begeistert vom offenen Bauernhof, und der Badesee macht bis heute Schwimmhungrige glücklich. Die Zeltwiese direkt am See ist schön angelegt. Touristenstädte wie Rothenburg ob der Tauber sind nah.

Doch je mehr die Mohrs in ihren Platz investierten, umso mehr näherte er sich dem an, was Cool Camping nicht eben schätzt: 2007 mussten Wiesen geschotterten Terrassen weichen. Wohnwagen lassen sich dort wohl wunderbar parken, schön anzusehen aber sind sie nicht.

Der Campingplatz existiert heute eher neben als auf dem Bauernhof – von Landwirtschaft spürt man wenig. Was schade ist, weil der Mohrenhof Pfründe hätte, mit denen er wuchern könnte. Weniger Plätze, weniger Gäste, dafür mehr Natur und mehr Ideen würden dem Platz gut tun. Für ein paar Nächte ist man hier aber gut aufgehoben. Der Platz ist prima in Schuss, ruhig gelegen, und ein See besänftigt allzu kritische Coolcamper schnell. Und wenn die Erwartungen nicht himmelhoch sind, können sie auch nicht so leicht enttäuscht werden.

SONNENSEITE: Eine Zeltwiese direkt am See.
SCHATTENSEITE: »Mohren-Camping« wächst langsam zum herkömmlichen Wohnwagen-Platz.
KOSTEN: Kinder 2,50 €, Erwachsene 5,50 €, Zelt und Bulli 4–8 €, Strom 0,55 € je kWh.
KLO & CO.: Funktional und sauber – ein neuer Sanitärblock.
ESSEN & TRINKEN: Der kleine Hofladen verkauft selbstgebackenes Brot und Kuchen, Brötchen, Eier, Milch, Wein und Wurst.
STADTPROGRAMM: Neben Rothenburg ob der Tauber (11 km) liegen auch Feuchtwangen (40 km, mit historischem Marktplatz), Dinkelsbühl (53 km, mit historischem Schulfest Kinderzeche) und Ansbach (24 km, mit Markgrafen-Schloss und Hofgarten) nahebei.
LANDPARTIE: Auf der Frankenhöhe scheint die Sonne am häufigsten in Bayern. Der gleichnamige Naturpark bietet für Radler und Wanderer Mischwald, Trockenbiotope und Weinbau.
ABENTEUER: Der Mohrenhof liegt perfekt für eine Freizeitpark-Extravaganz – einen Tag in den Playmobil-Funpark Zirndorf, am nächsten ins Legoland Günzburg.
GRILLFREI: Die Seekneipe direkt am Campingplatz kocht Eintöpfe und Deftiges.
HIN & HER: Die nächsten Bahnhöfe liegen in Steinach und Ansbach. Mit dem Auto über die A7, Abfahrt Rothenburg ob der Tauber, dann Richtung Ansbach, rechts nach Geslau abbiegen, am Ortsende links in Richtung Lauterbach. Von der A6 über die Ausfahrt Aurach/Leutershausen, dann Richtung Herrieden, Leutershausen, Buch am Wald, Geslau.
GEÖFFNET: April bis Oktober.
AUSWEICHQUARTIER: Ökoferienhof Retzbach (s. S. 213)

Mohrenhof, Lauterbach 3, 91608 Geslau
t 09867 620　w www.mohrenhof-franken.de　@ info@mohrenhof-franken.de

BAYERN / **BAMBERG**

Camping-Insel Bug 54

Stille Wasser sind bekanntlich tief. Auf der Campinginsel Bamberg-Bug darf man diese Plattitüde gleich zweifach bemühen: Einmal wortwörtlich, denn die Regnitz, ein Nebenfluss des Mains, treibt auffällig still am Zeltplatz vorbei. Dabei ist sie hier ganze acht Meter tief und damit wunderbar zum Kopfsprung ins Schwimmerglück geeignet. Zum anderen gilt der Satz auch im übertragenen Sinn – für den Campingplatz-Besitzer Peter Hoffmann.

Der begrüßt Besucher mit Schnauzbart, weiß-blau gestreiftem Hemd und geputzten Lederschuhen. Sehr freundlich, vielleicht sogar ein wenig bedächtig und bürgerlich. Aber dann schmettert er fröhlich los und erzählt, wie er aufgewachsen ist: »Oh, das war ein wildes Leben hier!« Schuld daran war Peters Vater Fritz Hoffmann.

Der verkehrte in den 50er Jahren in Kreisen, über die das gutbürgerliche Bamberg wohl die Nase rümpfte: Künstler! Auch Fritz Hoffmann malte, und in der kleinen Gaststätte des Campingplatzes hängt gleich an der Tür eines seiner Bilder. Darauf ein kleines, weißes Häuschen mit rotem Dach. Im blauen Badeanzug lehnt sich eine schlanke Schöne ins Fenster des kleinen Kiosks, der zwischen bunten Schirmen, roten Tischchen und grünen Bäumen auf der Flusswiese steht.

Diesen kleinen Kiosk gab es wirklich: Er war die Keimzelle der Campinginsel im südlichen Bamberger Stadtteil Bug. Fritz Hoffmann hatte die Flussaue 1954 erstanden, um ein »Licht- und Luftbad« zu eröffnen. Zwar hatte schon so manche Reformbewegung das Schwimmen im 18. Jahrhundert für sich entdeckt, weil es belebte und befreite. In Bamberg sah man dem Treiben am Fluss noch zwei Jahrhunderte später mit gemischten Gefühlen zu. Denn Hoffmanns Künstlerfreunde schwammen nicht nur, sie malten auch noch. Die Regnitzaue war ein »Künstlertreff«, erinnert sich Sohn Peter, »mein Vater war als verrückter Maler verrufen«. Peter verbrachte seine Jugend in diesem Sündenpfuhl. »Ich war nie zu Hause«, erinnert er sich. Oft ging es zu Bootstouren raus auf den Fluss, und »irgendein Zelt war immer geöffnet«.

Denn wenn die Abende am Ufer der Regnitz lang wurden und das Licht nachließ, wollten die Freunde der Hoffmanns bleiben. Das Licht- und Luftbad wurde nach und nach zum Campingplatz. Eine wirkliche Insel ist das lange Grundstück am Flüsschen zwar nicht, aber seinen Namen verdient es trotzdem: Denn wenn auch die Regnitz nur an einer Seite vorbeifließt, die Campinginsel hat eine ganz eigene Atmosphäre. Überall am Fluss stehen Skulpturen, das Sanitärhaus ist voller Mosaike, in der Kneipe hängen Bilder, und regelmäßig finden Ausstellungen, Lesungen und Konzerte statt: eine Insel der Glückseligen. Die eingeladenen Künstler sind nicht mehr die »jungen Wilden«, die einst den

Campingplatz gründeten, und ihre Kunst schockiert und provoziert nur noch selten. Etwas gesetzt eben, wie auch der Campingplatz: Manche Wohnwagen stehen länger hier, und das Publikum ist nicht das jüngste. Aber es gibt genug Platz, um ein schönes Stück Rasen direkt am Fluss zu ergattern. Und in der Nachbarschaft campen eine junge Familie, ein radelnder Wunderheiler und ein kontaktfreudiger Motorrad-Senior aus Bremen.

Wenn auch das »wilde Leben« Vergangenheit ist – geblieben ist bis heute ein grüner, weitläufiger Campingplatz, auf dem man noch immer Licht und Luft tanken kann. Und dann ist da ja auch noch jener Peter Hoffmann, der von seinem verrückten Vater erzählen kann. Und davon, wie eine Künstlerhorde eine Flussaue südlich von Bamberg eroberte. Stille Wasser sind tief – es lohnt, ein wenig Zeit mit dem Chef zu verbringen.

SONNENSEITE: Kunst-Camping auf grünen Wiesen am Fluss.
SCHATTENSEITE: Der Charme der 80er ist noch nicht ganz verflogen.
KOSTEN: Erwachsene 5,50 €, Kinder 3,50 €, Zelt und Bulli 4–9 €, Strom 1,20 €, keine Kreditkarten!
KLO & CO.: Sogar im lichtdurchfluteten, renovierten Dusch- und Toilettenhaus hängt Kunst.
ESSEN & TRINKEN: Die kleine, etwas rustikale Gastwirtschaft verkauft Brötchen, Gas und das Nötigste – und natürlich Kunstausstellungen.
STADTPROGRAMM: Bamberg wurde wie Rom auf sieben Hügeln erbaut. Weil im Krieg kaum etwas zerstört wurde, bietet Bamberg bis heute mittelalterliche und barocke Baukunst in Hülle und Fülle – sowie dank der Universität viele Kneipen.

LANDPARTIE: Entlang der Regnitz (direkt am Campingplatz) und dem parallel verlaufenden Main-Donau-Kanal führt ein Radweg bis nach Fürth. In Pettstadt setzt eine kleine, motorlose Fähre, die die Strömung am Drahtseil über die Regnitz drückt, Radfahrer über. Früher wurde auf dem Fluss Holz von Nürnberg nach Bamberg geflößt.
ABENTEUER: Bamberg ist auf Sand gebaut – na ja, Sandstein: Unter der Stadt verlaufen fast 10 km lange Stollen, in denen Wein, Malz und Bier gelagert wurden. Die Stadt organisiert Führungen (Tourismus-Service, Geyerswörthstraße 5, 96047 Bamberg, 0951 2976-330, stadtfuehrungen@bamberg.info).
GRILLFREI: Im Café Abseits (Poedelsdorfer Str. 39, 96052 Bamberg, 0951 303422, www.abseits-bamberg.de) gibt es Gutbürgerliches im Biergarten und dazu Dutzende verschiedene Biere, einige davon aus der »Versuchsbrauerei«. Prost.
HIN & HER: Der Bus 918 (ab Bamberg ZOB) hält direkt am Campingplatz. Mit dem Auto die A73 in Bamberg-Süd verlassen, dann über Nürnberger und Forchheimer Straße, Galgenfuhr und Burghof (den Schildern folgen).
GEÖFFNET: Ganzjährig.
AUSWEICHQUARTIER: Entweder die Bärenschlucht bei Forchheim (s. S. 223, ca. 50 km) oder ca. 30 km nördlich das weniger coole »Maincamping« (Krößwehrstraße 52, 96215 Lichtenfels, 09571 71329, campingplatz@lichtenfels-city.de).

Camping-Insel Bug, Am Campingplatz 1, 96049 Bamberg

| t | 0951 56320 | w | www.campinginsel.de | | buero@campinginsel.de |

Camping Bärenschlucht 55

Man weiß schnell, woran man ist: Wer in der Bärenschlucht eincheckt, der findet die Rezeption in einer recht urigen Gastwirtschaft. Unter dunklem Gebälk, Marke Eiche rustikal, begrüßt Urlauber ein ausgestopfter Bär von imposanter Größe mit aufgerissenem Maul. In seinen Klauen quält er eine kleine Stoffkuh, die nicht mehr viel zu lachen hat. »Bärenschlucht« ist also ernst gemeint.

Wer ein paar Schritte weitergeht, hindurch unter großen und kleinen Geweihen jedweder Provenienz, der ahnt, wer den Bären gern eigenhändig erlegt hätte. »Auf den Tisch kommt nur Selbstgeschossenes«, steht in der üppigen Speisekarte. Und an der Wand hängt das Bild von einem jungen Mann, der stolz über geschossenem Dammwild posiert: Markus Beyer, Juniorchef des Campingplatzes Bärenschlucht und Mann der vielen Ämter.

Nicht nur Waidmann mit zwei Jagdgebieten, nicht nur Koch im rustikalen Camperrestaurant, nicht nur Stolz seiner Mutter Christine, Ehemann von Melinda und Bruder von Stefanie (die alle drei auf dem Platz mitarbeiten) – Markus ist auch »Biberberater«. Das bedeutet aber nicht, dass sich Biber mit Eheproblemen oder Krampfadern an ihn wenden könnten (auch wenn dies die schönere Geschichte wäre).

Den Biberberater fragen Menschen um Rat, denen die Nagetiere Probleme bereiten. Markus darf dann kraft seines Amtes entscheiden, was mit den Problembibern im Landkreis geschehen soll: Drahthosen, die Bäume schützen, oder Gitter am Ufer. »Aber geschossen werden die hier nicht«, sagt Markus. Denn die Bärenschlucht ist Teil eines großen Naturschutzgebietes. Vier oder fünf Biberfamilien leben allein am Campingplatz.

Die Biberfamilien hatten ein gutes Pfötchen bei der Bauplatzwahl: Mit Zelt oder Bulli lässt es sich hier wunderbar leben. Von Pottenstein schlängelt sich die Bundesstraße entlang dem eiskalten, klaren Flüsschen Püttlach, bis das Tal breiter wird. »Die Breit« haben sie dieses rund 500 Meter lange Stückchen Erde in der Fränkischen Schweiz genannt. In dieser »Breit«, direkt an der Püttlach, liegt der Campingplatz Bärenschlucht. Weiter oben wohnen die Dauercamper, unten liegt die schöne Zeltwiese, in der Mitte ein kleiner See.

Camper werden eng umschlossen: Auf der einen Seite grüner, satter Wald, auf der anderen Seite ragen Felsen steil in die Höhe. Trotzdem gibt es genug Licht – die Zeltwiese ist groß mit Stellplätzen unter Bäumen am Rand oder in der Sonne am See. Von der Isomatte vor dem Zelt lassen sich Kletterkünstler an der steilen Wand beobachten, direkt über dem Campingplatz: Die Fränkische Schweiz ist ein Kletterparadies, in den 80er und 90er Jahren wurde hier mancher Rekord erkraxelt.

BAYERN / **POTTENSTEIN**

BAYERN / **POTTENSTEIN**

Die ersten Zelte allerdings standen schon früher in der Bärenschlucht: in den 30er Jahren. Damals campierte hier der CVJM mit Hagebuttentee und Butterkeks. Später wurde es wilder: 1960 schrieb Polizeiobermeister Motschenbacher in einem Bericht, dass »Motorradrowdys« vom Campingplatz die Gegend unsicher machten. Eine »zuverlässige Person« für die Aufsicht müsse gefunden werden, um die Jugend zu bändigen. Heute gibt es solche Aufseher, sehr freundliche allerdings: Familie Bayer betreibt den Campingplatz schon in der dritten Generation. Möglicherweise profitiert sie davon, dass Besucher schon in den ersten Minuten in der Bärenschlucht Respekt vor den Eignern bekommen. Denn bevor sie von der lächelnden Christine ihren Zeltplatz zugewiesen bekommen, schauen sie in den Schlund des Bären. Und wissen, woran sie sind.

SONNENSEITE: Zelten unter der imposanten Felswand zwischen Flüsschen und See.
SCHATTENSEITE: Hinter den Bäumen verläuft die mäßig befahrene Bundesstraße 470, der Verkehr lässt am späten Nachmittag nach.
KOSTEN: Erwachsene 5,40 €, Kinder und kleine Zelte 3,20 €, Bulli 3,90 €, Strom 2 €.
KLO & CO.: Vom Ende der schönen Zeltwiese sind es fast 500 m zur Gastwirtschaft mit Toilette und Dusche.
ESSEN & TRINKEN: Zum Campingplatz gehört eine Gaststätte mit Fisch- und Wildspezialitäten (wie gesagt, selbstgeschossen!) sowie ein kleiner Laden.
STADTPROGRAMM: Auf Bayreuths Grünem Hügel (knapp 30 km) treten sich Touristen nicht nur während der Festspiele auf die Füße. Aber die Stadt bietet mehr: die Eremitage mit Wasserspielen, eine Fußgängerzone zum Shopping und (zum Glück!) Studentenkneipen.
LANDPARTIE: Der Campingplatz liegt inmitten eines Wanderwegenetzes – die Hohenmirsberger Platte bietet fantastische Aussicht und einen Fossilienklopfplatz, das Ailsbachtal viele Höhlen sowie die Burg Rabenstein.
ABENTEUER: Stand-up-Paddling, Slacklining, Geocaching, Crossgolf und Frisbeegolf – Abenteuer-Anglizismen pur in Betzenstein (Hauptstraße 58, 09244 9859-16, info@abenteuerpark-betzenstein.de). Oder Kanufahren auf der Wiesent (zum Beispiel ab Gasthof Stempfermühle, 09242 1658).
GRILLFREI: Im Bärenschlucht-Restaurant oder Forellen aus eigener Zucht nach Gewicht im Forellenhof in Pottenstein (Am Kurzentrum 3, 9243 9242-0, www.forellenhof-malter.de).
HIN & HER: A9, Ausfahrt Pegnitz, oder A3, Ausfahrt Höchstadt, dann über die B470 Richtung Pottenstein/Forchheim.
GEÖFFNET: Ganzjährig.
AUSWEICHQUARTIER: Ein Dorf weiter im Tal wartet der ähnlich schön gelegene Campingplatz Fränkische Schweiz, Im Tal 13, 91278 Pottenstein-Tüchersfeld, 09242 1788, info@campingplatz-fraenkische-schweiz.de.

Campingplatz Bärenschlucht, Bärenschlucht 1, 91278 Pottenstein

t 09243 206 w www.baerenschlucht-camping.de info@baerenschlucht-camping.de

BAYERN / **VIECHTACH**

Schnitzmühle 56

Für die englischen Erfinder von »Cool Camping« war die Schnitzmühle »vielleicht der coolste Platz« in ganz Deutschland, ein Ort »mit Magie«: Das Buch »Cool Camping Europa« machte dieses Wunderwerk europaweit bekannt, bevor es in Deutschland überhaupt richtig aufgefallen war. Tief im Bayerischen Wald liegt eine Oase für Wildnisdürstende, eine Offenbarung für Stadtgelangweilte, ein Paradies für Camper, die dem irdischen Alltag entfliehen wollen.

»Dreiviertel Jahr Winter, Vierteljahr kalt.« Die Volksweisheit beschreibt, warum die dunklen Wipfelweiten des Bayerischen Waldes Campern vielleicht nicht zu allererst in den Kopf schießen, wenn sie ein neues Plätzchen für ihr Zelt suchen: Es kann kalt werden in diesem Mittelgebirge – je höher man kommt, umso kälter. Denn der Bayerische Wald liegt derart weit im Osten, dass die Milde des maritimen Klimas aus dem Westen sich nur selten durchsetzen kann gegen die kontinentale Kälte. Aber keine Sorge: Die »Schnitzmuehle« selbst liegt nicht berghoch, sondern geschützt ein wenig tiefer im Wald. Und dort wird´s im Sommer schön warm.

Wer die Schnitzmühle ansteuert, muss sich um das Wetter ohnehin nicht sorgen: Sicher, das Zelt steht immer noch an der (wirklich) frischen Luft, unter luftigem Grün, mit Bäumen, Sträuchern und Blumen. Im Sommer kann man an der Bongobar mit Sand und Liegestühlen entspannen, in den Badesee oder einen der beiden Flüsse springen, die am Campingplatz vorbeifließen – der Regen und der Schwarze Regen.
Dafür wäre ein wenig Sonne allerdings schon ganz schön.

Wenn's jedoch kühler wird im Herbst oder Winter (die Schnitzmühle hat ganzjährig geöffnet), kann man sich im »Wellyes-Pavillon« aufwärmen: im Dampfbad oder in der Kräutersauna, im Musik-Sand-Licht-Raum mit DJ-Pult. Dazu massiert ein Mann, den sie hier »Buddha« Rainer nennen. Seine Behandlungen klingen vielversprechend: Massagen mit Titeln wie »You Are The Boss«, »Extreme Indoor Huckepäcking« und »Absolut High Power Endstufen Verwöhn-Massage for Body & Soul«. Und wenn's zu kalt wird, kann man aus dem Zelt in eines der Hotelzimmer umziehen (doch, ist schon okay!).

Denn auch diese Zimmer sind modern und grundüberholt – ein Hotel-Camping-Wellness-Abenteuer-Land, hinter dem zwei kluge Köpfe stecken: Sebastian und Kristian Nielsen, die jungen Besitzer der Schnitzmühle, schieben ihren Erfolg auf »gute Gene«. Die Großeltern kauften die Schnitzmühle und betrieben hier ein Sägewerk. Nebenbei kamen die ersten Zelturlauber, und die Eltern der beiden bauten Gasthaus und Sanitärblock für die Camper. Als die Söhne übernahmen, entwickelten sie ihr eigenes Konzept für die Schnitzmühle – mit Bedacht und Erfolg.

BAYERN / VIECHTACH

Denn hier haben junge Männer ein Urlaubspaket maßgeschneidert, das sie auch selbst ansprechen würde: Ruhe und Abenteuer, gutes Essen und Lagerfeuer, DJ-Musik und grüne Natur. Wo, wenn nicht hier, würde sich ein junges Pärchen aus Berlin oder Hamburg wohl fühlen, das gerade noch ein Wochenende in Barcelona verbracht hat? Die Suche nach den eigenen Wurzeln, sich erden – im Zelt, in der Natur, aber bloß nicht zu weit weg von den angenehmen Dingen wie Caffè Latte, WLAN fürs iPhone – und saubere Toiletten!

In der Cool-Camping-Liga spielt die Schnitzmühle ganz oben mit: Die Nielsen-Brüder sind Pioniere des Neuen Deutschen Campingglücks. Und wir sind froh, dass es sie gibt.

SONNENSEITE: Mehr »Cool Camping« geht nicht – inklusive Bongobar, Wellness und Badesee.
SCHATTENSEITE: Etwas ab vom Schuss und ohne Auto schwer zu erreichen.
KOSTEN: Erwachsene 8,20 €, Kinder 5,35 € incl. Kurtaxe, Stellplatz 4,50 €, Strom 1,90 €.
KLO & CO.: Das »Körper-Kulturhaus« in schwedenrot macht seinem Namen Ehre – hell, farbig und schön samt Babybad und Wickeltisch.
ESSEN & TRINKEN: Wer will, kann seinen Grill zu Hause lassen – der kleine Campingladen verkauft fast alles von der Gasflasche bis zum frischen Biobrot, und im Restaurant wird »Thai-Bay« gekocht, eine unkonventionelle Mischung aus bayrischer und thailändischer Küche. Frühstücksbuffet ab 12 €, mittags gibt's Salate und Sandwich.
STADTPROGRAMM: Das Weltkulturerbe Regensburg mit 1500 denkmalgeschützten Gebäuden (rund 80 km weiter westlich). Die Bierstadt Pilsen in Tschechien liegt nur 120 km weit entfernt.
LANDPARTIE: Nah am Platz führt der Pilgerweg St. Wolfgang vorbei, ein Teil des Jakobsweges. Das Herzstück führt von Viechtach nach Böbrach. Erwanderbar sind auch die Quarzfelsen Großer und Kleiner Pfahl.
ABENTEUER: Die Schnitzmühle heißt nicht umsonst »Adventure Camp« – es gibt aktive Stressbewältigung am Bangbox-Boxsack, Kanutouren auf dem Schwarzen Regen, Tree-Climbing, Abseiling und Niedrigseil-Garten.
GRILLFREI: Urbayerisches Essen serviert die Burgschenke Altnussberg (Auf dem Schlossberg 2, 94244 Geiersthal, 09923 3099) – Saurer Pressack, Leberkäs und Wurstsalat nach einer zweistündigen Wanderung ab Schnitzmühle. Frühstück, Mittagessen und Kuchen gibt's im Kunst-Café Isis in Viechtach (Spitalgasse 5, 09942 801638).
HIN & HER: Die nächsten Bahnhöfe sind in Straubing (50 km), Deggendorf (32 km) und Gotteszell (17 km). Mit dem Auto über die A3, Abfahrt Bogen, dann über Hundedorf, St. Englmar und Kollnburg nach Viechtach.
GEÖFFNET: Ganzjährig.
AUSWEICHQUARTIER: Ebenfalls in Viechtach liegt der »Campingplatz am Höllenstein« (Pirka Leitenweg 12, 94234 Viechtach, 09942 8501) – ruhig und familiär.

Adventure Camp Schnitzmühle, Schnitzmühle 1, 94234 Viechtach / Bayerischer Wald

 09942 9481-0   w www.schnitzmuehle.com   info@schnitzmuehle.de

BAYERN / **MÜNCHEN**

The Tent 57

Es waren alles andere als romantische Motive, die die Stadtoberen von München 1972 dazu bewegten, den Campingplatz »The Tent« (damals noch unter anderem Namen) einzurichten: Zu den Olympischen Spielen sollte sich die Stadt von ihrer besten, bayerischen Seite zeigen, und dazu gehörten nach Ansicht der hohen Herren keine Hippies, die im Englischen Garten campierten (zumal dort die Bogenschützen in aller Ruhe Medaillen erschießen sollten). Also schuf man kurzerhand eine Hippie-Heimat außerhalb des Englischen Gartens – im nördlich angrenzenden Naturschutzgebiet Kapuzinerhölzl.

Die meisten der Hippies von damals sitzen heute wohl im Anzug im Büro, aber gezeltet wird noch immer in dem kleinen Waldstück nördlich des (sehenswerten!) Schlossparks Nymphenburg, keine halbe Stunde vom Münchener Hauptbahnhof entfernt.

Eine Jugendherberge an der frischen Luft – mit Jugendherbergspublikum: international und jung. Man trifft Menschen von überall, aus Südamerika, China, Polen oder Iowa. Ein immerwährendes Festival mit kleinen Inseln, auf denen Menschen zusammenkommen. Zum Beispiel die »Piano Bar«, in der Straßenmusiker schon mal spontan Konzerte geben. Oder das Café, in dem die Tent-Crew lecker kocht. Für viele Mitarbeiter ist »The Tent« nicht nur irgendein Job, sondern Lebensinhalt: Martin zum Beispiel, der im Sommer hier und im Winter als Skilehrer in den Alpen arbeitet. »Wir mögen eben ein anderes, alternatives Leben«, sagt er. Und das spiegelt sich auch in »The Tent« wieder. Ein entspanntes, buntes Idyll mit Schnörkelschrift auf Holzschildern, Reggae-Musik und Wasserpfeifen (wenn die Besuchergruppe aus Izmir sie auspackt).

Betrieben wird der Platz vom Münchener Kreisjugendring als »Jugendschutzmaßnahme«, und so muss niemand fürchten, dass er wegen Überbuchung abgewiesen wird (solange er irgendwie jugendlich wirkt). Raum gibt es genug: Zum einen ist da die große Wiese, auf der Urlauber ihre eigenen Zelte aufschlagen. Sein Stück Rasen kann man sich aussuchen. Kein Zaun grenzt »The Tent« vom umliegend Wald ab – alles wirkt entspannt und offen, ein bisschen Freiheit in der engen Stadt. »The Tent« ist komplett autofrei, Bullis müssen leider draußen bleiben.

Wer sein Zelt zu Hause vergessen oder unterwegs verloren hat, kann in eines der beiden großen Zelte einziehen, die »The Tent« ihren Namen geben: Im ersten kann man eine Isomatte auf dem Boden mieten, im zweiten eine Matratze im Doppelstockbett. Wer Schnarchkonzerte mag, schlummert hier glücklich am Ziel seiner Träume. Es gibt sicher ruhigere Campingplätze, es gibt aber keine cooleren, die so nah am Münchener Stadtzentrum sind wie »The Tent«.

BAYERN / **MÜNCHEN**

Das Kapuzinerhölzl war früher übrigens ein Hütewald – ein Forst, in den Bauern ihr Vieh statt auf die Wiese zum Grasen trieben. Bis heute wächst hier eine für Süddeutschland fast einmalige Vielfalt an Pilzen. Wer also ankommt, nachdem Supermärkte und Camper-Café schon geschlossen haben, kann seine Mahlzeit auch gern selbst pflücken.

»The Tent« ist Stadtcamping mit Naturanschluss, und das kann durchaus romantisch werden: Die Motive der Stadtoberen, den Platz zu eröffnen, mögen seinerzeit zweifelhaft gewesen sein – heute jedoch, nach vier Jahrzehnten, ist »The Tent« einer der besten Metropol-Plätze im ganzen Land.

SONNENSEITE: Stadtcamping in der Natur – nur 20 min vom Münchener Hauptbahnhof entfernt.
SCHATTENSEITE: Es kann voller und etwas lauter werden, vor allem zum Oktoberfest. Keine Bullis, keine Autos, kein Strom!
KOSTEN: 5,50 € pro Person, 5,50–16 € pro Zelt, 7,50 € pro Person auf der Isomatte im großen Zelt, 10,50 € für ein Bett im großen Zelt. Zum Oktoberfest verdoppeln sich die Preise fast.
KLO & CO.: Ein neuer, schicker Sanitärblock, beheizt von Sonnenwärme, mit Gästeküche, Waschmaschine und Schließfächern.
ESSEN & TRINKEN: Das kleine, feine Café kocht »gsunde« Kost – meist Bio, wenn möglich von lokalen Herstellern. Frühstück gibt's zwischen 7 und 10.30 Uhr.
STADTPROGRAMM: München ist nur 15 min entfernt, die Wiesn 20 min. Mittwochs um 9.30 Uhr gibt's eine kostenlose Stadtführung für Camper von StattReisen.
LANDPARTIE: An das Naturschutzgebiet Kapuzinerhölzl, in dem der Campingplatz liegt, schließt sich im Süden der Botanische Garten (täglich geöffnet, Erwachsene 4 €) und der Schlosspark Nymphenburg an – schöne Ruheoasen nach stressigem Stadtprogramm.
ABENTEUER: Münchens Wellenreit-Spot ist die Eisbachwelle mitten im Englischen Garten. Einen halben Meter hoch, durch eine Unterschriftensammlung gerettet, mittlerweile weltweit bekannt. Grillfrei: Europas größter Biergarten, der Hirschgarten, mit 8000 Plätzen, hat 2,5 km entfernt sogar seine eigene S-Bahnstation (Hirschgarten 1, 089 17999119, www.hirschgarten.de). Lecker italienisch essen um die Ecke von Schloss Nymphenburg: Osteria Il Golfo, Hirschgartenallee 38, 089 17095709.
HIN & HER: Vom Flughafen mit der S-Bahn zum Hauptbahnhof, dann mit Tram 17 (Richtung Amalienburgstr.) bis Botanischer Garten fahren. In Fahrtrichtung rechts in die Franz-Schrank-Straße (ca. 15 min) abbiegen. Mit dem Auto über die A8 in Richtung Pasing, dann Verdistr., Amalienburgstr., Menzinger Str.
GEÖFFNET: Juni bis Oktober.
Ausweichquartier: Der typische Stadtplatz für Urlauber ist der Campingplatz Nordwest (Auf den Schrederwiesen 3, 80995 München, 089 1506936, www.campingplatz-nord-west.de).

The Tent, Kapuzinerhölzl, In den Kirschen 30, 80992 München

t 089 1414300   w www.the-tent.com   cu@the-tent.com

BAYERN / **CHIEMING**

Jugendzeltplatz Chieming [58]

Der Chiemsee ist Bayerns größter See. Nicht nur im Sommer wird er von Touristenhorden bestürmt. Viele Campingplätze unten am Seeufer sind ein Mekka der Gartenzwergkultur. Es lohnt sich also, ein paar Meter hinaufzusteigen – hinauf auf die Hügel, die den Chiemsee einfassen. Hoch über dem Dörfchen Chieming liegt mit erhabener Aussicht auf den See ein Platz, der noch entdeckt werden will: der Jugendzeltplatz Chieming.

Johann Wiesholler betreibt ihn seit 2005 auf seinem Bauernhof. Denn das ist Johanns Hauptgeschäft: Milchvieh und Rinder hält er nach den Demeter-Regeln der biologischen Landwirtschaft, und er hat eine Mission. Eine alte Rinderrasse will er erhalten, das Murnau Werdenfelser Rind. Gästen auf seinem Hof bietet Johann folglich gern und kostenlos Hofführungen an, denn er will vermitteln, wie Bauernhöfe aus seiner Sicht bewirtschaftet werden sollten. Im Herbst erntet er mit Zelturlaubern Äpfel und presst eigenen Saft. Und er bietet Führungen in die Umgebung an, zu essbaren Kräutern und faszinierende Insekten sowie ins geheimnisvolle Moor nahebei.

Sein Zeltplatz ist folglich kein Rekordhalter bei Ausstattung oder Animation, im Gegenteil: Es gibt eine große, grüne Zeltwiese, ein kleines Gebäude mit Toiletten und Duschen, darüber eine großzügige Loggia, eine lichtdurchflutete Küche. Das war's. Gäste können sich entscheiden, ob sie ihr eigenes Zelt mitbringen oder im Indianertipi übernachten wollen, die Johann auf seiner Wiese aufgebaut hat. Zudem gibt es seit kurzem eine große Jurte: Für europäisches Klima sei sie besser geeignet als ein Tipi, mein Johann. »Sie ist wasserdicht – auch bei Starkregen.« Und sie hat einen Holzboden, es wird also nicht matschig unter der Matte. Und: Die Jurte hat Fenster rundherum.

Autos sind dagegen nicht zugelassen in Johanns Camping-Reich: Wer im Bulli übernachten möchte, muss auf dem Parkplatz schlafen.

Freundesgruppen werden sich auf dem Jugendzeltplatz Chieming wohler fühlen als Einzelreisende, Familien wohler als frisch verliebte Pärchen. Denn Johann nimmt viele Gruppen auf, die abends schon mal kleine Darbietungen am gemauerten Miniatur-Amphitheater aufführen. In einem Nebenraum der Scheune können Camper an Klettergriffen bouldern.

Wenn es Nacht wird, treffen sich die Urlauber oft am knackenden Lagerfeuerplatz. Und hier oben über dem Chiemsee wird es wirklich Nacht: Kaum künstliches Licht überstrahlt die Dunkelheit. Ein perfekter Platz, um einen unendlich reichen Sternenhimmel zu bewundern. Sternschnuppen fallen, die Milchstraße windet sich ins Unendliche. Auch Johanns Interesse an den Mächten und Kräften der Natur schläft nicht:

BAYERN / CHIEMING

Er hat eine kleine Sternwarte mit Spiegelteleskop eingerichtet (Marke »Sibiria«, paralaktisch montiert mit automatischer Nachführung, Vergrößerung 39 – 150fach, maximal sogar 300fach). Regelmäßig erläutert ein befreundeter Hobby-Astronom interessierten Gästen das Himmelsschauspiel (und die technischen Daten des Teleskops).

Und wenn die Sonne dann nach einer kurzen Nacht wieder aufgeht, kann man sich mit der ersten Tasse Kaffee an den Rand des Zeltplatzes stellen und hinausschauen auf den Chiemsee. Von hier oben ist der Trubel der Busse und Boote ein Schauspiel, das fast so fern wirkt wie der Sternenhimmel der Nacht. Nur nicht ganz so schön.

SONNENSEITE: Autofrei campen hoch über dem Chiemsee – im Tipi oder im eigenen Zelt.
SCHATTENSEITE: Viele Gruppen – da könnten Einzelcamper sich schon mal einsam fühlen. Kosten: 6,50 € pro Person, Tipi pro Nacht ab 10 €, Jurte ab 25 €.
KLO & CO.: Marke Eigenbau – zweckmäßig, aber klein, wenn der Platz voll belegt ist.
ESSEN & TRINKEN: In der Loggia können Gäste kochen. Zutaten müssen aber selbst mitgebracht werden, bis auf das Rindfleisch von Johanns Bio-Hof (12 € je Kilo).
STADTPROGRAMM: Die Herzogsstadt Burghausen (50 km) protzt mit einer Burg, die mit 1.043 m Länge die längste Burganlage Europas ist und nach einem Guinness-Buch-Eintrag auch die längste der Welt sein soll. Hut ab.

LANDPARTIE: Johann organisiert geführte Bergwanderungen. Die Raubritterburg Heinz von Stein (10 km) und das Römermuseum Bedaium in Seebruck (5 km) liegen in Wander- oder Radelweite.
ABENTEUER: Auf dem Urrevier der deutschen Windsurfer hilft die Surfschule Chieming (Bei den Bädern 3, 83239 Chieming, 08051 9616516 oder 0179 4717841, info@windsurfschule-chieming. de) sogar Anfängern. Parker Outdoor organisiert Rafting und Canyoning für Wagemutige (Forsthausweg 15, 83236 Übersee am Chiemsee, 08642 5955650 oder 0176 20599650, info@parkeroutdoor.com).
GRILLFREI: Das »Al Dente« ist das älteste Restaurant am Seeufer – mit neuer Küche: Pizza, Pasta, frischen Fisch und Fleisch

(Bei den Bädern 1, 83339 Chieming, 08664 98592, aldente.chieming@t-online.de).
HIN & HER: Mit dem Zug bis Bahnhof Prien, dann weiter mit der historischen »Chiemseebahn« direkt zum Landungssteg (1,9 km). Von dort mit dem Schiff zum Landungssteg Chieming übersetzen – ca. 10 Geh-Minuten bis zum Tipidorf. Mit dem Auto über die A8, Ausfahrt Grabenstätt/Chieming. In Chieming nach dem Ortsschild rechts ab, bergauf, am Berghof vorbei, bis links das Tipidorf zu sehen ist.
GEÖFFNET: Ganzjährig.
AUSWEICHQUARTIER: Unten am See liegt Camping Seehäusl (Beim Seehäusl 1, 83339 Chieming/ Töttham, 08664 303, info@camping-seehaeusl.de).

Jugendzeltplatz Chieming, Oberhochstätter Str. 3, 83339 Chieming

| t | 0160 94668715 | w | www.jugendzeltplatz-chieming.de | | tipidorf@jugendzeltplatz-chieming.de |

BAYERN / **SCHLECHING IM CHIEMGAU**

Camping Zellersee 59

Unser Dorf soll schöner werden, dachten sich die Mettenhamer Anfang des 20. Jahrhunderts. Ihr kleines Örtchen lag zwar im hübschen Chiemgau, umgeben von hohen Bergen wie der Hochplatte, dem Hochgern und dem Blumenberg mit seinem Naturschutzgebiet, dem Geigelstein. Das Flüsschen Ache hatte ein weites Tal geformt, das die Einwohner gern als das ursprünglichste in der Chiemsee-Region beschreiben. Und auch der Touristenmagnet Tirol war nicht weit.

Aber irgendwie fehlte Mettenham der letzte Pfiff. Und so kamen die Mettenhamer auf die Idee: Wir brauchen einen Badesee! Da hatten sie sich einiges vorgenommen. Um euch nicht unnötig auf die Folter zu spannen, wollen wir Folgendes verraten: Am Ende schafften sie es. Denn heute liegt an diesem künstlichen Badesee ein kleiner, feiner Campingplatz. Für Wohnwagen gibt es einige terrassierte Plätze. Zelte dagegen stehen in der ersten Reihe, auf einer großen grünen Wiese am Seeufer. Ins Wasser sind es nur ein paar Schritte.

Gespeist wird der See von drei weichen, kühlen Bergquellen, und im Sommer dreht mancher Schwimmer stundenlang seine Runden, unterbrochen von kleinen Pausen auf der Badeinsel, die in der Mitte des Sees verankert ist. Das Bergpanorama ist großartig, und der Himmel meistens blau. Der Chiemsee mit seiner Insel Herrenchiemsee samt Versaille-Verschnitt wartet nur 15 Kilometer entfernt. Und trotzdem liegt der Zellersee abseits der Touristenströme in einer kleinen, ruhigen Nische.

Dass diese kleine Flucht vom Massentourismus am Chiemsee heute aber überhaupt existiert, das war alles andere als ausgemachte Sache. Denn als die Mettenhamer die Idee von ihrem Badesee in die Tat umsetzen wollten, hatten sie mächtige Feinde.

Zum einen waren da die Anwohner im Achental, flussabwärts von Mettenham. Sie fürchteten, dass ein aufgestauter See ihnen unbändige Fluten bescheren könnte, sollte der kleine Staudamm brechen. Und so trug es sich zu, dass Unbekannte den Damm am Tag vor der Eröffnung des Badesees 1927 kurzerhand sprengten. Badesee-Terrorismus! Zum Glück eine Form des politischen Widerstandes, die sich nicht durchsetzte: Ein weiteres Jahr verging, und erst 1928 wurde der See schließlich eröffnet. Ohne Anschlag. Später kamen dann die ersten Camper, aber irgendwann stellte sich auch der zweite Feind ein: die Bisamratte.

Die untergrub geschickt den kleinen Staudamm, und vor ein paar Jahren sorgten sich die Mettenhamer wieder darum, dass ihr Damm brechen könnte. Und so wurde er aufwändig erneuert und verstärkt.

Für die nächsten Jahre sollte nun Ruhe sein, hofft Rainer Müller, dem der Camping-

BAYERN / **SCHLECHING IM CHIEMGAU**

platz samt Badesee heute gehört. Schließlich ist die dammknabbernde Ratte von dannen gezogen, und der Platz hat mehr Freunde als Feinde: Viele begeisterte Camper kommen gern ein ums andere Jahr wieder. Und auch die Mettenhamer baden nach wie vor in ihrem See – und sonnen sich in der Weitsicht ihrer Vorväter. Denn die ließen sich vor fast 100 Jahren nicht von ihrer Idee abbringen, einen kleinen Badesee anzulegen, um ihr Dorf schöner zu machen. Hat geklappt, trotz aller Widrigkeiten.

SONNENSEITE: Der kühle Badesee direkt vor dem Zelt – Campingglück pur.
SCHATTENSEITE: Die nahe Bundesstraße rauscht vernehmlich – und der Platz ist eher klein: Vorher buchen!
KOSTEN: Erwachsene je nach Saison 6,50–7,50 €, Kinder 2,50–4,50 € inklusive Kurtaxe, Zelt ab 4 €, Bulli ab 7 €, Strom 0,70 € pro kWh.
KLO & CO.: Zweckmäßig und sauber – mit Fußbodenheizung und Wickeltisch.
ESSEN & TRINKEN: Frische Brötchen und das Nötigste verkauft der Campingkiosk, im Biergarten gibt's Kleinigkeiten und große Gläser.
STADTPROGRAMM: Salzburg liegt nur rund 70 km entfernt – die Altstadt ist Weltkulturerbe, und die Festung Hohensalzburg ist eine der größten Burganlagen Europas.
LANDPARTIE: Eine Wanderung zur Entenlochklamm führt Urlauber über eine spektakuläre Hängebrücke über hellblaues Wasser. Wären die Felsen nicht, man wähnte sich an der Côte d'Azur. Am Taubensee, eine Wanderung entfernt, kann man in eiskaltes Gebirgswasser eintauchen.
ABENTEUER: Nur 10 min vom Campingplatz entfernt liegt das Sportklettergebiet »Zellerwand« – mit 170 Routen zwischen den Schwierigkeitsgraden III und X. Um die Ecke liegt zudem die Deutsche Alpen-Segelflugschule, die Passagiere ab 20 € auf eine Platzrunde mitnimmt.
GRILLFREI: Einer der besten Landgasthöfe Oberbayerns mit der ältesten erhaltenen Wirtsstube liegt einige hundert Meter weiter am Ortseingang Mettenham (Gasthof Zellerwand, Raitener Str. 46, 08649 217, zellerwand@t-online.de).
HIN & HER: Der nächste Bahnhof liegt in Übersee (14 km). Mit dem Auto über die A8, Abfahrt Bernau, dann B305, oder Abfahrt Übersee, dann über Staudach-Egerndach und Marquartstein.
GEÖFFNET: Ganzjährig.
AUSWEICHQUARTIER: Mehrere herkömmliche Plätze liegen am Chiemsee (Chiemsee Camping Rödlgries in Übersee oder Panorama Camping Harras in Prien). Cool-Camping-getestet ist der Jugendzeltplatz Chieming (s. S. 237).

Campingplatz Zellersee, Zellerseeweg 3, 83259 Schleching-Mettenham

t 08649 986719 w www.camping-zellersee.de @ info@camping-zellersee.de

SERVICE

… ODER DOCH MAL DAS ZELT ZU HAUSE LASSEN?
Bullivermietungen

Bulli, der: Manche meinen, die Kurzform »Bulli« leite sich aus der Kombination der Worte »Bus« und »Lieferwagen« her – stimmt aber nicht. VW erklärt den Namen mit dem rundlichen (bulligen) Erscheinungsbild der T2-Klassiker. Den Spitznamen hatte der Bulli seit Jahrzehnten schon werksintern. Doch die Firma Kässbohrer besaß die Rechte an den Wortmarken »Bully« und »Bulli«. Erst 2007 verkaufte sie die Rechte an VW. Seitdem heißt der Bulli Bulli.

»San Francisco«, »Elwood«, »Sgt. Pepper« und »Daddy Cool« – bei www.hippiebus-berlin.de haben die vierrädrigen Freunde für einen Urlaub standesgemäße Namen. Echte T2-Oldtimer, zum Teil mit originalgetreuer, grün-gelb karierter Westfalia-Originalausstattung. Die Preise sind steil: ab 310 € für drei Tage inklusive 500 Kilometern, plus 40 € Endreinigung.
Berlin Bullis im Classic Depot Berlin,
Wiebestr. 36-37, 10553 Berlin,
t 030 34096020, www.hippiebus-berlin.de

Fluchtwagen.com vermietet voll ausgebaute T5-Camper ab Hannover, Hamburg oder Leipzig, allerdings ohne Hochdach, mit Küchenblock im Fahrzeugheck (Kochen am Kofferraum). Das Design ist Geschmackssache, »Surfer«, »Unterwasserwelt« und »Ganesha« sind quietschbunt lackiert. Pro Tag ab 59 € in der Nebensaison, 99 € in der Hauptsaison inklusive 250 Kilometern plus 65–80 € Servicepauschale.
Fluchtwagen.com, Florian Eisenbach, Dorfstraße 38, 31303 Burgdorf, t 0511 12374140, info@fluchtwagen.com

Ab Aachen, Mainz oder Tarifa/Spanien vermietet www.hanggtime.de (mit Doppel-g!) T3-Busse mit Falt- oder Hochdach. Die klassisch lackierten Wagen haben zum Glück wenigstens hübsche Namen: Bronko, Schneemann, Lars, Pablo und Paula kosten zwischen 100 und 150 € pro Tag, 250 bis 300 € am Wochenende, inklusive 1500 Freikilometer pro Woche.
hanggtime, Leibnizstr. 57, 55118 Mainz,
t 0176 99634353, info@hanggtime.de

Auch vanarama.de (ab Berlin) hat den T5-Transporter umgebaut, wieder ohne Hochdach. Komplette Küche, Wassertank und Liegefläche für zwei gibt's trotzdem, inklusive Kochtopf und Dosenöffner, aber ohne bunte Lackierung: Wer die Wagen sieht, könnte meinen, der Klempner führe vor, gäbe es nicht das dezente Logo am Heck. Preise zwischen 75 und 95 € je nach Saison und Dauer inklusive 250 Freikilometer.
Vanarama GmbH, Neuenburger Str. 10,
10969 Berlin, t 030 51642887, info@vanarama.de

Für alle anderen gibt's die Deutsche Reisemobil-Vermietung mit Standorten in Hamburg, Berlin, Düsseldorf, Frankfurt, Trier, Remshalden, München/Marktschwagen und Lindau am Bodensee. Hier gibt's den T5 California mit Faltdach je nach Saison für 66 bis 116 € pro Tag.
DRM – Deutsche Reisemobil Vermietungs GmbH,
Adalbert-Stifter-Weg 41, 85570 Markt Schwaben,
t 08121 995-0, info@drm.de

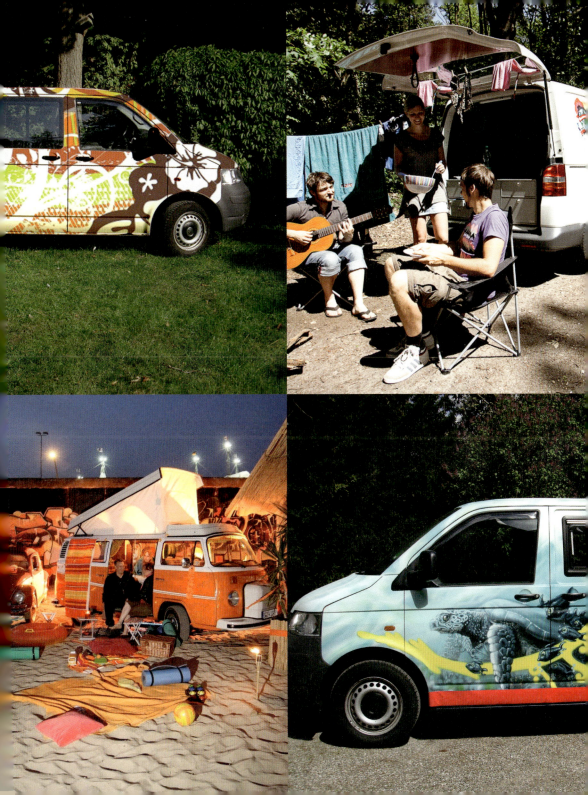

SERVICE

... ODER DARF'S EIN BISSCHEN MEHR SEIN?
Sauna auf Rädern

Sauna, die: Aus dem Finnischen von »sauna«; Plural: Saunen/Saunas; auch Schwitzstube oder finnisches Bad genannt. Die Sauna besteht innen zumeist aus Holz und wird mit einem Ofen auf 80 °C bis 100 °C, seltener auf bis zu 130 °C erhitzt. Die Sitzbänke sind in zwei bis drei Stufen in 0,5 bis 1,5 m Höhe angebracht. Die Temperatur nimmt nach oben hin deutlich zu.

Machen wir uns mal nichts vor: Deutschland ist kein Solarium. Wenn wir für ein Wochenende in die Natur ziehen, ertragen wir notfalls auch ein wenig Regen oder Kälte. Die besonders Harten schaffen's vielleicht auch eine Woche lang, aber dann drehen sich abends am Lagerfeuer doch alle Gespräche wieder darum, welche Internetseite uns die billigsten Flüge nach Barcelona verschafft. Und am nächsten Morgen fehlen die ersten Campingkumpel, weil sie dank WLAN am Platz gleich gebucht haben.

Den Wetterflüchtigen können wir nun ein Schnippchen schlagen. Denn wenn's kühl wird in Europas Norden, ist die Sauna nicht weit. Hexenwäldchen (s. S. 97) und Schnitzmühle (s. S. 229) beispielsweise bieten eigene Schwitzstuben am Campingplatz, aber auch anderswo muss niemand mehr auf gemütliche Städterfreuden verzichten, wenn er im Grünen vor Kälte klappert.

www.saunaspass.de bietet Fässer auf Rädern – eine vollwertige Sauna auf einem Autoanhänger. Ins drei Meter lange Fass passen acht »Happy Camper«, in die Vier-Meter-Version sogar zwölf (aber nur nackig!). In einer Dreiviertelstunde ist die Sauna heiß. Der Ofen wird mit Holz befeuert, das für etwa drei bis vier Saunastunden mitgeliefert wird. Die Sauna-Anhänger können mit jeder Anhängerkupplung geschleppt werden und warten in Eckernförde, Flensburg, Hamburg, Kiel und Rendsburg auf unterkühlte Camper. Preise ab 65 € pro Tag plus 20 € Endreinigung.
Sauna Spass, Domsland 121, 24340 Eckernförde, t 04351 8893971, www.sauna-spass.de

Etwas kleiner ist die Anhänger-Sauna von www.sauna-mobil.de: Innen 2,15 m lang und 1,95 m im Durchmesser. Von Samstagmorgen bis Sonntagnachmittag kostet sie inklusive zwei Körben Holz 95 €, für eine ganze Woche 250 €. Die Sauna muss in Vielitz zwischen Hamburg und Berlin abgeholt werden.
Stefan Haase, Kirchstr. 70, 16835 Vielitz, t 030 8243714 oder 0179 1244577, info@sauna-mobil.de

Auf Rügen hat die Sauna zwar auch Räder. Sie ist aber nicht fassrund, sondern eckig – ein kleines, rotes, schnuckeliges Häuschen. Sie kostet 75 € pro Tag und wird im Umkreis von 30 Kilometern auch kostenlos geliefert.
Karola Kolbe, Klosterhof, Billrothstraße 20a, 18528 Bergen auf Rügen, 0160 8120260, karolakolbe@me.com

SERVICE

… UND WENN MAL ALLE PLÄTZE AUSGEBUCHT SIND?
Campinmygarden.com

Wie hatte noch einmal alles angefangen? Wo wurden wir infiziert vom Campingvirus? Richtig. Es war ein Sommerabend Anfang der 80er Jahre. Zum Geburtstag hatte ich dieses schwere Giebelzelt geschenkt bekommen, mit grünem Dach und beigefarbener Basis. Aufgebaut hatte ich es gleich am Geburtstag in unserem Garten – mein erster Zeltplatz.

Aus England kommt nun eine grandiose Idee, die die Campingplätze unserer Jugend zurückerobert: Zelten nicht in der Natur, sondern in Siedlungen, Dörfern, Städten und Metropolen – eben dort, wo wir in jungen Jahren das Campen lernten.

Victoria Webbon, 35 Jahre alt, eine reisebegeisterte Bausachverständige aus Wycombe in Buckinghamshire (also eine Nachbarin von Elizabeth II.), spazierte eines Tages durch den Londoner Vorort Wimbledon, um sich ein Tennisspiel anzusehen. Sie passierte dabei derart schöne Gärten, dass ihre Begierde geweckt wurde: »In so einem Garten möchte ich mein Zelt aufschlagen!«

Kurzerhand startete sie die Website »Campinmygarden.com«.

»Campinmygarden.com« bringt Menschen zusammen, die ihren eigenen kleinen Garten für Zelturlauber öffnen. Wer sich registriert hat, kann Gastgeber und Gast werden, irgendwo zwischen »Bamping« (für »basic camping«) und »Glamping« (für »glamorous camping«). Manchmal kostet die Übernachtung gar nichts, manchmal zahlt man mehr als auf dem benachbarten Zeltplatz, je nach Ausstattung, Angebot und Nachfrage.

Campinmygarden.com empfiehlt, dass kein Garten für mehr als 28 Tage Camper beherbergt und dass niemand länger als zwei Wochen in einem Garten seine Heringe einschlägt. Noch sind es vor allem britische Gärten, aber die Welle schwappt auf den Kontinent. Die ersten Mini-Zeltplätze in den Niederlanden und in Belgien haben sich registriert. Und bei Redaktionsschluss waren schon 20 Plätze in Deutschlan dabei. Die Rückeroberung kann beginnen – reclaim the gardens!

www.campinmygarden.com

TSCHÜSS

UND TSCHÜSS

Dank & Kontakt

KONTAKT

Cool Camping Deutschland hat jeden einzelnen Platz in diesem Buch (und noch viele mehr!) besucht und auf vielen übernachtet. Kein Platz hat für seine Aufnahme bezahlt oder sich eingekauft: Cool Camping ist unsere ganz persönliche Auswahl der besten Plätze im Land. Aber bestimmt sind uns Fehler durchgerutscht (leider!), und bestimmt haben wir einen eurer Lieblingsplätze vergessen (oh je!). Also schreibt uns, damit Cool Camping Deutschland noch besser wird:

deutschland@coolcamping.cc

BILDNACHWEISE

Alle Fotos © Björn Staschen mit Ausnahme folgender (mit freundlicher Genehmigung abgedruckter) Fotos: Schaalsee-Camp (S. 41) © Lothar Krebs, Schaalsee-Camp; Schnitzmühle (S. 228, 230) © Sebastian Nielsen, Adventure Camp Schnitzmühle; Sauna auf Rädern (S. 249) © Philipp Neumann-Wolff, Sauna-Spass; Bullivermietungen (S. 247) © Florian Eisenbach, Fluchtwagen, © Nadin Beuthien, Vanarama, © Derdehmel & Nilz Böhme, Classic Depot Berlin.

REISEBEGLEITUNG

Jonathan Knight hat »Cool Camping« erfunden – eine grandiose Idee. Seine liebsten Hideaways in Großbritannien habe ich mit Jessica und unserem liebsten T-2-Bulli »Phyllis« (noch gemietet) erkundet. Mit meinen fantastischen Kollegen Robert Green, Robert Harvey, Lis Riediger, Henning Schwartz und Philipp Kagelmacher habe ich später den ARD-Film zum Buch gedreht – »Zeltplatz mit Aussicht« – und war infiziert. Wie gut, dass meine Eltern Klaus & Anneliese mir in jungen Jahren mein erstes Zelt geschenkt hatten. Und dass Jessica und ich uns irgendwann »Florence«, unseren eigenen Bulli, gekauft haben. Unserem großartigen Sohn Lasse ist er in einem halben Jahr Urlaubsabenteuer ohne Wohnung zur geliebten Heimat geworden. Dank Rasmus von »autowerk24« in Hamburg ist »Florence« immer flott, wenn die Sonne scheint – auch im Sommer 2011, als ich viele Plätze für dieses Buch noch einmal besucht habe. Das war nur möglich, weil Angelika, Manfred und meine Eltern uns geholfen haben, als Maarten und Joon geboren wurden. Manchmal war Felli auf meinen Touren dabei, mit dem Blick fürs Besondere und dem Fuß, der von jeder Slackline rutscht. Geschrieben habe ich große Teile dieses Buches im betahaus Hamburg – da ist Arbeit fast so schön wie Camping. Und ohne Jessicas Ideen, ihren Rückhalt, ihre Ermunterungen und Korrekturen wäre dieses Buch nicht entstanden. Dankeschön.

Carry on camping!

In der gleichen Reihe sind erschienen:

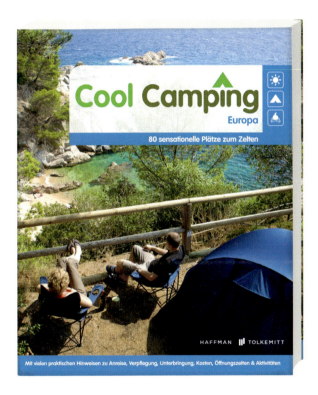

COOL CAMPING EUROPA

ISBN 978-3-942989-39-8
Nur € 19,90

»Dieser Camping-Brevier hat mit dem schnöden ADAC-Zeltplatz-Führer so viel gemein wie ein Hannoveraner Reihenmittelhaus mit dem Bungalow in den Dünen von Arcachon. ›Cool Camping Europa‹ stellt 80 Zeltplätze in Millionen-Dollar-Kulisse vor.« **STERN**

COOL CAMPING COOKBOOK

ISBN 978-3-942989-41-1
Nur € 17,90

Das Kochbuch für begeisterte Freiluftköche verbindet die Liebe zur Natur mit der Lust auf gutes Essen. Dosenravioli und Tütensuppe können getrost daheim vergessen werden, es gibt so viel Besseres im Urlaub zu genießen! **Bio123.de**